BEATRIX LANGNER

Mark Brandenburg

| Hoffmann und Campe |

1. Auflage 2011
Copyright © 2011 by Hoffmann und Campe Verlag, Hamburg
www.hoca.de
Einbandgestaltung: Katja Maasböl
Layout und Satz: Kathleen Bernsdorf
Gesetzt aus der ITC Legacy
Druck und Bindung: GGP Media GmbH, Pößneck
Printed in Germany
ISBN 978-3-455-38089-7

HOFFMANN
UND CAMPE

Ein Unternehmen der
GANSKE VERLAGSGRUPPE

INHALT

vielleicht sang ein Vogel,
und ich empfand für ihn eine kleine Liebe
von dem Umfang eines Vogels

JORGE LUIS BORGES

KÜHE IM SCHNEE

Mitten in den eisigen Weiten Brandenburgs auf tief-verschneiter Wiese ein dunkler Kreis, wie mit dem Zirkel geschlagen. Bewegungslos wie Pinguine in der Antarktis steht eine Herde schwarzweiß gefleckter Kühe, Rist an Rist panisch aneinandergedrängt, zum kosmischen Zirkel verklumpt. Woher wissen Kühe im Schnee, was ein Kreis ist und wie das Runde geht?

Brandenburg im Winter ist das Paradies der Kalligra-phen, eine Landschaft aus Papier, mit magischer Tinte beschrieben, Impraegnatio saturni. Wie Scherenschnitte jagen die Gitter der Kiefernstämme vorbei, bis der Wald sich öffnet und auf den bläulichen Schatten der Schnee-wehen die zarte Krakelüre windschiefer Chausseebäume erscheint, und dahinter vielleicht die nackte Scheunen-mauer eines verlassenen Gehöfts. Von einem Zaunpfahl starrt ein versteinerter Bussard in das blendende Nichts. Jungfräulich hingestreckt liegt das Land, so weit das Auge reicht, unter dem matten Glanz der weißen Sonne, Him-mel und Erde ungeschieden wie am ersten Schöpfungstag. Seine Schrift kann nur lesen, wer das Geheimnis kennt. Heimat. Wie geht das?

Durch meine Kindheit klapperten keine märkischen Holzpantinen; keine weißen Frauen, Kobolde und Nymphen geisterten durch meine Träume. Meine Sandwege führten nicht durch märkische, sondern durch niederrheinische Rübenfelder, und mein Blick von der Rückbank des alten Opel Rekord fiel nicht zuerst auf brandenburgische, sondern Winzerdörfer an Mosel und Aar, deren weißverputzte Häuser sich an Terrassenhänge klammerten. Die langsamen wendischen Flüsse und die Smaragdaugen versteckter Waldseen, Kornblumenraine und Buchenwälder, Froschteiche, märkische Sonnenuntergänge, Fliederbäume vor verträumten Fachwerkhäusern, Schlehenbüsche im Roggenfeld waren Sehnsuchtsorte, die noch tief in der Zukunft lagen.

Als ich Jahre später zu Familienausflügen mit Tanten und Oma in die märkische Schweiz oder nach Potsdam mitgenommen wurde, waren Transistorradios und Miniröcke interessanter als Ausflugslokale und Buchenwälder, die Beatles spielten *Can't buy me love* und *I wonna hold your hand*, Deutschland war ein geteiltes Land, und die Mark Brandenburg lag noch für eine ganze Weile tief in der DDR. Meist fuhren wir mit dem Zug von Lichtenberg oder Schönefeld ab, und jedes Mal endeten diese Sonntage auf einer Ausflüglerterrasse an einem See oder Fluss, deren Namen ich mir nie merkte. Aber schon damals, als ich zum Heimischwerden noch viel zu jung und ungeduldig war, muss sich jeder dieser Orte in eine Art inneres Koordinatennetz eingeschrieben haben, sodass sich mit den Jahren ein Vorrat an Bildern, Namen und Wörtern als zu mir gehörig anhäufte und ich allmählich Ohren bekam für das durchdringende Pfeifen der Züge, bevor sie mit gedrosselten Motoren durch ländliche Backsteinbahnhöfe schlichen. Meine Nase witterte den rußigen Rauch der Dieselloks, während Felder und Weiden mit tropfgrünen Laubwäldern wechselten und ärmliche Schuppen und graue Dörfer hinter den beschrankten Bahnübergängen vorbeiflogen. Heute, als Ansässige, kommt es mir vor, als könnte nur beschriebene und benannte Landschaft überhaupt zu Heimat werden, sodass dieser Teil Deutschlands mir vielleicht nur der wiedergefundenen Namen wegen der liebste wurde, während ich mich ein paar Kilometer östlich, wo schon polnisch gesprochen wird, fremder fühle als in einem amerikanischen Mangrovenwald, obwohl doch die Landschaft vollkommen dieselbe ist wie diesseits der Landesgrenze.

Für den Homo sapiens vollzieht sich das Leben der Landschaften ohnehin so langsam, dass er nichts davon bemerkt. Ein winziger rasender Punkt, der sich mit 140 Kilometern pro Stunde auf der A9 durch Brandenburg bewegt, meint durch eine stillstehende Szenerie zu fahren. Wie oft auf der Fahrt nach Leipzig oder München

bemerkte ich nicht, wie sich kurz hinter dem Autobahn-
kreuz Michendorf die dreispurige Fahrbahn unter den
Rädern allmählich hob und senkte wie ein atmendes
Wesen. Kein blaugrauer Horizont meldete mir, dass ich
gerade durch das nördlichste und kleinste Mittelgebirge
von Deutschland raste. Kein Verdacht keimte auf, dass
hinter den Kiefernstämmen, die zwischen den Abfahrten Klein-Marzehns und Köselitz dem Durchfahrenden
bedrohlich näher rücken wie der große Wald von Birnam
den Hügeln von Dunsinane, noch mehr Wälder sein könn-
ten, und in den Wäldern Schluchten und in den Schluchten Bäche und in den Bächen Forellen, Bachneunaugen
und Edelkrebse und in den Sumpfwiesen Knabenkraut,
Rotes Waldvögelein, Trollblume und Teufelskralle und
über den Sumpfwiesen vielleicht Gebirgsstelze, Großtrap-
pe, Schwarzstorch, Bussard und Eisvogel. Mit einem Wort,
ich verpasste, was wir als gehorsame Sklaven der Beschleunigung am laufenden Band verpassen: kleine Paradiese,
versteckte Inseln der Stille jenseits von Autohäusern,
Einkaufszentren, Eigenheimghettos und künstlichen
Tropenstränden, jenen glitzernden und lärmenden Aus-
wüchsen der Groß- und Weltstadt Berlin, für die wir ein
Wort erfunden haben, das alles über unsere scheinheilige,
dem Götzen des Überflusses geweihte Lebensweise sagt:
Speckgürtel. Um die Augen an Landschaften zu gewöhnen,
die so klein und unspektakulär sind, dass sie es nie – anders als der majestätische Berg Lu im Tal des Yangtsi oder
die Korallenriffe von Tahiti oder meinetwegen auch das

Allgäu – in die Charts der Touristikunternehmen schaffen, muss man wahrscheinlich länger bleiben, vielleicht für immer.

Der Hohe Fläming, dieser schlafende Riese, ist so eine Landschaft. Mit seinem mächtigen, dreißig bis fünfzig Kilometer breiten Rücken fläzt er sich auf halber Strecke zwischen Berlin und Leipzig an der Grenze zu Sachsen-Anhalt. Unbehelligt von bulimischen Speckgürteln und urbanem Getöse ist der Fläming von jeher die menschenleerste Region der Mark Brandenburg und bildet die Westgrenze des heutigen Bundeslandes. Ungefähr 160 000 Jahre alt, ruht er im Schlaf der Zeit, dem Gedächtnis der Durchfahrenden schon entfallen, bevor er aus dem Rückspiegel verschwunden ist, von keinem Dichter beschrieben wie Uckermark, Oderbruch oder Spreewald. Keine Gedenktafel weit und breit, dass Goethe hier mal übernachtet hätte. Selbst Theodor Fontane ließ den Hohen Fläming links liegen. Einzig dem niederflämingischen Beeskow, der Geburtsstadt seiner Gemahlin, hinterließ der fuß- und federmächtige Apotheker das grantige Bonmot, Beeskow sei nicht so schlimm, wie es klinge. Und wo Fontane nicht war, ist Brandenburg bekanntlich nur ein Sandhaufen um Berlin herum. Mit dem benachbarten Harzgebirge und seinen gipfelumwölkten Hexentanzplätzen, mit den mississippibreiten Elbauen zwischen Dessau und Köthen kann der Hohe Fläming kaum mithalten. Er ist ja nur ein kleiner Riese. Seine Reize behält er für sich. Seine Dörfer sind versteckt in Mischwäldern, seine Bäche versickern in

Sandsedimenten und erscheinen unerwartet einige Kilometer weiter an der Oberfläche.

Ich weiß noch, wie ich das erste Mal die Ausfahrt Niemegk nahm, auf der Suche nach einem Gasthaus. Es war heiß, ein dunstiger Sonntag im Spätsommer. Ich war hungrig. Es sah nach Gewitter aus. Die Wolken schoben bleigraue Gebirge über dem flachen Horizont auf, mit weißgrau vergletscherten Rändern und wattigen Flanken. Vor mir ein Schild: Betonwerk Niemegk. Dahinter war eine Art Kiesgrube, sonst nichts als Wiesen und Wälder. Rechts ging es nach Niemegk, geradeaus in den Sand, links nach Belzig. Ich dachte mir, dass Belzig wahrscheinlich noch schlimmer ist, als es klingt, und wollte schon umkehren. Vielleicht war es das merkwürdige Licht, das mich trotzdem anzog, ein unwirkliches rötliches Licht, das auf einmal die Landschaft übergoss wie auf einem überbelichteten Film. Kein Auto war vor mir, keins folgte mir. Im ersten Dorf, Dahnsdorf, fegte eine alte Frau mit unendlich langsamen Bewegungen den Gehweg vor ihrem Haus. Eine Gänseschar drängte sich hinter dem Zaun. Im schrägen Sonnenlicht tanzten Insektenschwärme, aus den Bauerngärten fluteten Farbenexplosionen durch die schwülwarme Luft. Am Ende des Dorfs war eine kleine Tankstelle. Rechts und links der Chaussee begann die Horizontlinie zu schlingern, bäumte sich sanft auf, vergrößerte hier einen Abstand zwischen Feld und Waldrand, schob dort eine Anhöhe weiter hinaus. Im gleichmäßigen Summen des

Motors dehnte sich die Zeit; auf einmal hatte ich es gar nicht mehr so eilig, irgendwo anzukommen. Zwischen abgeernteten Feldern führte links ein asphaltierter Feldweg nach Westen, ich folgte ihm durch Stoppelfelder, vorbei an mohnrot gesprenkelten Feldrainen und dunklen Waldrandschatten, und erreichte in weitem Bogen das nächste Dorf, Kranepuhl. Auch hier niemand auf der Straße, kein Hund, keine Maus. Die Plastikjalousien der Häuser waren halb heruntergelassen, wahrscheinlich gegen die Hitze. In einem niedrigen, abbruchreifen Eckhaus saß eine Puppe hinter halbblinden Fensterscheiben. Dahinter zweigte die Dorfstraße links nach Lühnsdorf ab, rechts nach Bergholz, nie gehört. Schwarzweiß gefleckte Kühe lagen mit träge mahlenden Kiefern im Gras. Die Straße schlängelte sich bergan durch dichten Wald. Ich stellte die Klimaanlage ab und öffnete die Autofenster, und mit dem glühend heißen Luftzug strömte Landschaft herein, reiner Raum, gekrümmte Fläche. Wenn es noch eine Steigerung von Einsamkeit gab, hier war sie mit Händen zu greifen. Ich schaltete in den dritten Gang und überließ mich dem lautlosen Wiegen der Straße.

Weniger romantische Gemüter mögen an ländliche Raumordnungskonzepte, Besiedlungsstatistik und soziale Infrastrukturerneuerung schrumpfender ostdeutscher Kommunen denken. Ich dachte an Beethoven, Violinkonzert D-Dur, an Schubert, 1. Sinfonie, 2. Satz, Andante, und schob eine CD ins Autoradio. Und sooft ich die Straße von Belzig nach Grubo wieder fahre, höre ich sie seit jenem ersten Mal wieder, die Musik der Landschaft, den Rhythmus der Hügel, Talsohlen und Waldränder, den Puls der Erde, das Presto der jähen Abfahrten, die stummen Rezitative der kleinen Dörfer, die Triolen einzelner Baumgruppen im Kornfeld, die Pastoralen im Gras ruhender Rinder.

Mittlerweile kenne ich die Gegend um Belzig wie im Schlaf. Ich sehe, wo ein Gehöft den Besitzer gewechselt, ein Kirchturm neue Schindeln hat. Ich weiß, wie in der Hitze der Hundstage die Kühe bis spät in die Nacht brüllen, ein dunkles Stöhnen aus den Tiefen ihrer mächtigen Körper. Die auf den ersten Blick so anziehende Leere der dünnbesiedelten Landschaft ist bevölkert von vertrauten Gesichtern und Namen. Ich kenne die Männer, die am Abend auf der grünen Bank im Schatten des alten Nussbaums sitzen, wie zu Fontanes Zeiten. Sie wissen, was im Dorf vor sich geht, sie reden wenig, in kurzen Sätzen mit langen Pausen: wer bei der Stasi war, wer die Linken gewählt hat, wer frisch geschieden ist und wer arbeitslos. Ihre Kinder und Enkel haben sie über die Dörfer verstreut, sie haben die Landschaft bevölkert mit ihren Namen, die schlesisch, ostpreußisch, niederländisch, polnisch oder französisch klingen. Ihre Familien sind groß, Dynastien von Handwerkern ziehen sich in langen Ketten durch die Telefonbücher, Grundbücher und Dorffriedhöfe zwischen Görzke, Wiesenburg und Raben. Als Zugezogene waren ihre Eltern und Großeltern irgendwann hier angekommen, Flüchtlinge, die alles verlassen hatten, was ihnen lieb war, sodass eine wie ich wohl nicht weiter auffallen würde.

In den heutigen Ortsbezeichnungen des Fläming haben sich die Sprachen seiner Bewohner am längsten erhalten. Aus dem Jahr 1009 ist die lateinische Ortsbezeichnung Chabua Montibus (Waldgebirge oder Dickichtberge) für den Hagelberg überliefert, mit 201 Metern die höchste Erhebung in der Norddeutschen Tiefebene. 1382 wird ein Dorf mit dem deutschen Namen Hauesberge, Hagelberg, genannt. Hinter dem letzten Haus gabelt sich die Dorfstraße, rechts geht es nach Schmerwitz und Schlamau, geradeaus nach Lübnitz. Gegenüber dem Demeter-Gutshof führt eine sehenswerte, feldsteingepflasterte Buchenallee nach Werbig. Seinen Namen hat das Dörfchen möglicherweise von flandrischen Kolonisten aus dem belgischen Ort Waarbeke, die ihn im dreizehnten Jahrhundert mitbrachten. Zur Pfarrei Wiesenburg gehört das Dörfchen Schlamau. Es liegt in einer Senke, im Osten begrenzt von einer hohen Abbruchkante. Slamowe bedeutet polabisch: Ort an einem Windbruch.

Das Waldgebirge mit den drei Burgen Belzig, Raben, Wiesenburg lag im Mittelalter am Kreuzungspunkt der Handelsstraßen zwischen Magdeburg, Dessau-Zerbst und Brandenburg. Auf der Burg Brennabor/Brandenburg herrschte im zwölften Jahrhundert der Hevellerfürst Pribislaw, der das Christentum angenommen hatte. Warum er den sächsischen Grafen und kaiserlichen Heerführer Albrecht von Aschersleben testamentarisch als Erben und Nachfolger einsetzte, ist unklar. Möglicherweise hatte dieser ihm geholfen, seine Burg gegen die Überfälle der benachbarten Sprewanen zu verteidigen. 1150 starb Pribislaw, sein Erbe fiel wie erwartet an Albrecht. Um sich aber in den reellen Besitz seiner Grafschaft bringen zu können, musste Albrecht, der sich in den italienischen Guelfenkriegen den Beinamen »der Bär« erwarb, die Slawen überzeugen, dass es für sie vorteilhafter wäre, Untertanen des sächsischen Kaisers zu werden. Mit einem dänisch-sächsisch-polnischen Ritterheer besetzte er die Nordmark, eroberte Prignitz und Zauche, brannte Beelitz und Lehnin nieder und besiegte am 11. Juni 1157 in einer mörderischen Schlacht den Hevellerfürsten Jaczo. Von diesem Tag an führte Albrecht den Titel eines Markgrafen von Brandenburg. Die überlebenden slawischen Kriegsgefangenen wurden als Arbeitssklaven an den spanisch-maurischen Kalifen von Cordoba verkauft. Ihre Spur verliert sich in den neuen islamischen Reichen Südeuropas.

Die Stadt Jüterbog gilt von alters her als Grenze zwischen dem Hohen Fläming im Westen und dem Niederen Fläming im Osten. Ihr Name geht auf den höchsten Gott der Wenden zurück, Jutrbog. In diese linkselbische Grenzregion, wo sich das Fremde tausend Jahre lang vermischt hatte und bis zur blutigen Geburtsstunde der Mark Brandenburg Westslawen und Nordgermanen nachbarlich zusammengelebt hatten, wurden im dreizehnten Jahrhundert christliche Kolonisten gerufen, um die niedergebrannten Hofstellen und Burgen der slawischen Ureinwohner wiederaufzubauen. Die neuen Siedler vom

Westrand des Kontinents fanden einen dichtbewaldeten Landrücken, weit entfernt vom Meer. Kein Fluss, kein See spiegelte den hohen, kalten Himmel. Selbstgenügsam, wild und ohne Glanz war diese Gegend. Im Norden lag das seenreiche Land der Ucker, Terra ukera, im Osten das Land der Oder mit ihren westlichen und östlichen Zuflüssen, Terra transoderana, und im Westen Terra obola, das Havelland. Der trockene, sandige Boden ließ kaum Landwirtschaft zu, dafür waren handwerkliche Begabungen gefragt, die der Reichtum der Marken wurden. Aus Lehm wurden Geschirr und Baumaterial geformt, Köhlereien und Pechhütten stießen weißen Rauch über die Baumkronen der Brandtsheide, eines ausgedehnten Waldgebiets nordöstlich der Elbe. Der Töpferweg führte über Wiesenburg, Reetz, Reuden nach Zerbst, die Kohlestraße über Medewitz, Ragösen nach Rosslau, wo Baumstämme und Holzkohle verschifft wurden. Die Einwanderer sprachen ein seltsames Kauderwelsch, halb holländisch und halb niederdeutsch, und auch ihre Trachten waren anders als die der askanischen Sachsen. Noch vor fünfhundert Jahren wurde in der Gegend um Wittenberg die holländisch-flämische Mundart gesprochen.

Durch die kilometertiefen Mischwälder ziehen sich Wege, von uralten Alleen gesäumt, die von der Atlantikküste im Westen bis nach Warschau und Sankt Petersburg, Krakau und Lemberg im Osten führten. Diese alten, stolzen Fernverkehrswege, die der Wald verschlungen hat, sind die letzte Erinnerung daran, dass hier Osten und Westen,

Abend und Morgen aufeinandertrafen. Immer wieder war die Mark Brandenburg ein Hinterland von Kriegen, Auffangbecken von Armeen und Kreuzweg der Kulturen. Die letzte Wanderungswelle spülte im zwanzigsten Jahrhundert Kriegsflüchtlinge aus Ostpreußen, Schlesien, Pommern und Westpreußen in den Fläming. Sie reparierten die alten Kossätenhäuser, ersetzten Fachwerk und Stalldächer, gruben Brunnen, schafften Hühner, Kaninchen, Tauben, Truthähne und Ziegen an, manche sogar Schweine, die sie heimlich schlachteten, brannten Schnaps, wenn alles schlief und nur die Eingeweihten sahen, in welchen Häusern im Spätherbst zwei Schornsteine rauchten. Die Flaschen schoben sie unter ihre schweren hölzernen Ehebetten. Sie arbeiteten und sie feierten zusammen, wenn es Zeit war, und bestellten ihre Gärten, wenn andere Zeit war. Sie heirateten untereinander und zogen Kinder und Enkel auf. Wohl dem, der irgendwo angekommen ist und weiß, wo er hingehört. Doch trifft man selten auf einen Brandenburger, der einem Fremden die Schönheiten seiner Heimat aufzählen würde, als gäbe es wenig Rühmenswertes von diesem nördlichen Landstrich zu sagen, der so oft als sandig, karg und reizlos beschrieben wird, dass selbst die Einheimischen es zu glauben scheinen, nach dem bekannten Spruch von Wilhelm Busch: *Schön ist es auch anderswo, und hier bin ich sowieso.* Ohnehin neigt man hier nicht sonderlich zu Gefühlsausbrüchen. Schon der preußische Offizier und Dichter Heinrich von Kleist konnte sich so viel göttliche Langeweile zwischen Luch und Heide und Heide und Luch nur so erklären, dass Gott beim Weltschöpfen die Mark Brandenburg gewiss übersehen habe. Am sechsten Tag, als Er seinen Fehler bemerkte, habe Er eine Handvoll Saharasand gegriffen, von dem noch genug übrig war, müsse aber über der Vollendung wohl eingenickt sein.

Immerhin hat Gott seine kleine Nachlässigkeit mehr als gutgemacht, als er den Brandenburgern Theodor Fontane schenkte, den Apothekersohn aus Neuruppin, und dessen behagliche märkische Romane und Reisebücher. Die *Wanderungen durch die Mark Brandenburg*, Bibel jedes märkischen Patrioten, sind Brandenburgs erfolgreichstes Marketing-Produkt neben Spreewälder Gurken und Bautz'ner Senf. Doch selbst Fontane musste sich die Mark mit patriotischen Gedanken verschönen. *Rechts das Luch, links ein paar Sandhügel*, rief er sich schnell das Schlachtfeld von Fehrbellin und die Großtaten preußischer Geschichte vors innere Auge, um im Rütteln der Kutsche nicht sanft wegzudämmern.

Es war eine Alte Welt, die dieser Ruppiner Kolumbus entdeckte und die mit ihm verging. Zum letzten Mal leuchtete die Mark Brandenburg zwischen Kiefernstämmen und Seen in der Glorie ihrer ruhmreichsten, der preußischen Epoche auf. In warmes Sepia getaucht, spazierten Offiziere, Kommerzienräte und Könige, Pastoren und Prinzessinnen angeregt plaudernd zwischen märkischen Seen und Rittersitzen, während der rote Hahn schon von allen Dächern krähte. Doch auch in der Brust dieses *märkischen Goethe*, wie ihn Kurt Tucholsky nannte, schlugen zwei Herzen. Eines, das für den märkischen Adel glühte, und ein anderes, das im Ausbau des deutschen Eisenbahnnetzes eine demokratische Zukunft Preußens voraussah.

Wo liegt sie also, die berühmte Mark Brandenburg, um mit dem deutschen Dichter Friedrich Schiller zu sprechen, der einst nicht mal Deutschland finden konnte? Vielleicht muss ja auch ich das Land der Märker mit der Seele suchen, wie Goethes Iphigenie das alte Land der Griechen, irgendwo zwischen Noch-nicht und Nicht-mehr.

In der Schüssel auf dem Tisch schwimmen Lammstücke in Rosmarinsauce; dazu gibt es spanischen Rotwein. Glühwürmchen steigen aus den Jasminsträuchern auf, Grillen schnarren. Wir sitzen mit Freunden beim Essen unter dem alten Nussbaum, dessen mächtige Krone das letzte Licht des Tages verschluckt, Berliner in der Mark oder »Buletten«, wie die Alt-Brandenburger uns mehr oder weniger liebevoll nennen. Vor zehn Jahren bin ich in ein altes märkisches Mittelflurhaus in dem Flämingdorf Wiesenburg gezogen. Das große, alte Bett und den Nussbaumschrank in der Dachkammer hatte die letzte Bewohnerin dagelassen. Er war aus schwerem, dunklem Holz, die Rückwand von Holzböcken durchsiebt. Im Stall fand ich hinter dem Brennholzhaufen unter verrosteten Eggen und anderen bäuerlichen Gerätschaften den Grabstein der Urgroßmutter der letzten Besitzerin. Ihr Todesjahr war 1900, das Geburtsjahr meiner märkischen Oma. Ich hatte das Haus sozusagen besetzt. Ich bewohnte eine Vergangenheit, die mich nichts anging, umgeben von Erinnerungen, die niemand mehr haben wollte.

Nebenan schreien die Truthähne in ihrer Voliere. Ein Hund bellt, andere fallen ein. Am Himmel verglüht der Abend mit bleigrauen Wolkenspitzen. Das Flämingdorf versinkt in nächtlicher Schwärze; über uns zieht majestätisch der Milchstraßennebel mit seinen Billionen Sternen auf. Aus den offenen Fenstern des Hauses zieht leichter Modergeruch und vermischt sich mit dem Aroma von frischgeöltem Holz, Basilikum und Pfefferminze, die in Terrakottatöpfen auf der Terrasse wuchern. Ist es nicht das, was Stadtmenschen vom Landleben erwarten, saubere Luft, Bioeier aus dem Hofladen, spanische Salami und griechisches Olivenöl vom Feinkostmarkt, schöne Landschaft, Stille und Natur pur?

Aber was ist eigentlich schön an einer Landschaft, hinter der sich auf den zweiten Blick eine gigantische Massenproduktionsanlage für Milch, Mastochsen, Kälber und Färsen, Schafe, Sauen, Mastschweine, Holz, Winterweizen, Sommergerste, Winterroggen, Triticale, Hafer, Lein und Mais verbirgt? Wieso sehe ich die Müllhalden der Mittelmark erst jetzt, nachdem ein Halunke die Deponien als Geldbeschaffungsanlagen entdeckt hat; wieso haben mich die Mopeds der Dorfjugend früher nicht gestört, die durch die Nacht sägen? Die hermetischen Geflügelzuchtbunker und Schweinemastställe in der Uckermark? Die Rapsfelder, die den sanften Wechsel von Baumgruppen, Waldsäumen und Feldrainen mit ihrem strahlenden Gelb überschreien und Farbharmonien zermalmen? Die Erdbeer- und Spargelfelder um Beelitz und Seeberg? Die schweren Stickstoffnebel, die vollautomatischen, rollenden Erntefabriken, deren Scheinwerfer sich durch die Sommernächte schrauben? Die nächtlichen Tiertransporte über die Bundesstraßen, Deportationszüge in den lautlosen Massentod?

Die erste Wiesenburgerin, die ich näher kennenlernte, war Margarethe Brandt von Lindau, geborene von Dießkaubn, die Schlossherrin von Wiesenburg, gestorben am 15. November 1568, dem fünften Tag ihres Wochenbetts, umgeben von Männern mit holländisch-spanischen Halskrausen und von schwarzgekleideten alten Frauen. Die Szene ist auf einem großen Ölgemälde im Westflügel der Wiesenburger Marienkirche zu sehen. Der romanische Kreuzbau mit sechseckiger Apsis ist nicht ungewöhnlich für Brandenburger Kirchen. Über hundertzwanzig sehenswerte Feldsteinkirchen gibt es allein im Fläming. Die Marienkirche wurde, ausgenommen der Glockenturm, um 1230 aus Feldsteinen errichtet, wie auch die ältesten Häuser Feldsteinfundamente haben. Die Steine sind überall. An den Feldrainen türmen sich Steinkegel wie heidnische Grabhügel. Sie steigen aus der schwarzen Erde. Die Felder kalben, sagte man früher und nannte die Feldsteine Lesesteine, weil die Bauern sie von den Feldern lasen und als Baumaterial in die Städte karrten. Vor manchen Häusern liegen Findlinge als Grundstücksbegrenzungen, Wandersteine, die in der letzten Eiszeit hergeschoben worden sind. Der Weg nach Jeserig, wo es im Gasthof die beste Sülze in ganz Brandenburg geben soll, war mit denselben Steinen gepflastert wie die Schlossauffahrt, rotem und grauem Granit, bevor eine Bitumendecke sie begrub.

Der rote Granit kommt aus Schweden. Zweihundert Jahre brauchte das Eis, bis es am südlichen Rand der Norddeutschen Tiefebene zum Stehen kam. Jetzt ist es zurückgegangen, um neues Eis zu holen, sagen die Leute hier. Petrographen bestimmen die Größe eines Steins, der als eiszeitlicher Findling bezeichnet wird, mit einem Kubikmeter Volumen oder 2,7 Tonnen Gewicht. Entlang der drei Urstromtäler, die sich durch Brandenburg fräsen, gibt es viele solcher Riesen. Die Schale vor dem Alten Museum in Berlin ist aus einem Geschiebeblock gehauen, der in den Rauener Bergen bei Fürstenwalde lag: die Markgrafensteine, ein rötlicher, porphyrischer Biotitgranit, 1420 Millionen Jahre alt, nach seiner Herkunft Karlshamn-Granit genannt. Den größeren der Blöcke, mit einer Grundfläche von 7,8 mal 7,5 Metern und 7,5 Meter Höhe, ließ der Potsdamer Steinmetz Christian Gottlieb Cantian 1827 spalten und auf der Spree nach Berlin verschiffen. Die Reise dauerte sechs Wochen. Nachdem er mit der Schale fertig war, ließ er aus den übriggebliebenen Teilen sein Grabmal auf dem Dorotheenstädtischen Friedhof errichten. Als Theodor Fontane 1880 die Markgrafensteine besichtigte, fand er statt eines der erwarteten sieben Weltwunder der Mark Brandenburg nur noch *kleine Elefanten*.

Margarethes Ehemann, Graf Friedrich III. Brandt von Lindau, Sohn des Christoph Friedrich von Brandt und der Margarethe von Krosigk, trat früh dem lutherischen Bekenntnis bei und ließ 1561 in der Kirche das steinerne Altarbild und unter dem Boden eine Grabkammer für die

Mitglieder der gräflichen Familie errichten. Erst später wurde eine hölzerne Empore eingebaut und in den folgenden Jahrhunderten mit den Wappen der Familien bemalt, die in den Stammbaum der Brandt von Lindau einheirateten, eine klangvolle Reihe märkischer Adelsnamen. Friedrich begann, die wüsten Dorfstellen zu besiedeln, ließ Fischteiche anlegen, Wälder aufforsten, die Schäfereien in Ordnung bringen. Sein Familienwappen ließ er über dem Portal des Ostflügels einmeißeln und fügte, nachdem er zwei Jahre nach Margarethes Tod 1570 noch einmal geheiratet hatte, das seiner zweiten Gemahlin hinzu. Vor dem Gemälde hängt von der Decke ein prächtiger Taufengel. Von den 142 Taufengeln, die sich in Brandenburg erhalten haben, sind sieben in Fläming-Kirchen: in Groß- und Klein-Briesen, Wenzlow, Dahlen, Buckau, Alt-Bork und Wiesenburg. Im Wiesenburger Kirchenbuch wird der Engel erst um 1850 erwähnt, seine Entstehungszeit liegt aber vermutlich um 1700. In seinen Händen hält er statt einer Taufwasserschale eine goldene Lyra. Offenbar war seine Anstellung als Taufengel nicht von langer Dauer, sodass man ihn, da sich die Gemeinde nicht mehr von ihm trennen wollte, zum Musikus umschulte. Seine Flügel sind kräftig, sein Haar ist braun, sein Gesicht rotbäckig und gesund. Vermutlich stand ein Fläminger Handwerker des siebzehnten Jahrhunderts dem anonymen Bildhauer Modell. Sein Gesicht zeigt nach Osten, die Füße nach Westen, wie Walter Benjamin, ein gebürtiger Märker, dessen Geburtsort Charlottenburg bis 1920 in der Provinz

Brandenburg lag, über den Angelus novus von Paul Klee geschrieben hatte: *Er möchte wohl verweilen, die Toten wecken und das Zerschlagene zusammenfügen. Aber ein Sturm weht vom Paradiese her, der sich in seinen Flügeln verfangen hat und so stark ist, dass der Engel sie nicht mehr schließen kann. Dieser Sturm treibt ihn unaufhaltsam in die Zukunft, der er den Rücken kehrt, während der Trümmerhaufen vor ihm zum Himmel wächst. Das, was wir den Fortschritt nennen, ist dieser Sturm.*

Vielleicht ist jetzt die glücklichste Zeit von Wiesenburg. Die grünen Kegel der Biogasanlage am Ortseingang und die Mineralwasserfabrik sind weithin sichtbare Anzeichen, dass der Fortschritt angekommen ist. Wiesenburg wurde Landessieger im Wettbewerb »Unser Dorf hat Zukunft«. Noch 1989 war hier ein DDR-typisches Sechshundert-Seelen-Dorf in sozialistischem Einheitsgrau mit volkseigenem Schloss und Park, Drahtzieherei, Brauerei, LPG, Planwirtschaft, Sanierungsstau und Vollbeschäftigung. Beim Eintrieb im November 1989 sollten die Kühe in den neuen Kuhstall mit modernem Melkkreisel kommen. Zehn Jahre später blinzelte der Kuhstall mit zerbrochenen Fenstern vom Dorfrand auf leere Weiden; aus den Regenrinnen wuchsen Birken und gelbe Blumen. Die Wiesenburger Braukessel verschwanden kurz nach der friedlichen Revolution auf dem osteuropäischen grauen Markt, die Kühe nach Reetz. Für den prächtigen Backsteinbau der Brauerei aus der Gründerzeit fand sich kein Investor.

Nur die Drahtzieherei liefert noch immer Schweißdraht und gehört jetzt einer italienischen Firmengruppe. In das Schloss derer von Brandt von Lindau, das seit den 1950er Jahren eine Spezialoberschule für Russisch mit angeschlossenem Internat beherbergte, sind junge Familien mit Kindern gezogen.

Unser Ort kommt zuerst 1161 in einem Schreiben des Erzbischofs von Magdeburg vor. Höchstwahrscheinlich ist in diesem Schreiben nur ebenjene Burgwarte, der Thurm und das an denselben angeschlossene Castell gemeint (Castrum Wesinburch), wie es noch 1336 heißt.

Als der Pfarrer von Wiesenburg und Belziger Schulrektor Ernst Wilhelm Fähndrich um 1850 die Geschichte der Herrschaft Wiesenburg aus alten Quellen zusammentrug, standen Heimatvereine, Heimatmuseen, Heimatkalender hoch im Kurs. Fünfzehn Jahre später wurde Brandenburgs erstes Heimatmuseum in Müncheberg von einem Uhrmachermeister und einem Kreisrichter gegründet. Man grub in vaterländischer Begeisterung den eigenen Garten um und durchstöberte Dachböden und Truhen nach alten Chroniken. Der letzte Graf, NSDAP-Mitglied Heinrich Enzio von Plauen, verließ das Schloss 1943. Mit makellosem Verputz und schöner klassizistischer Symmetrie blickt es mit seiner Südfassade in den großzügigen Landschaftspark, den Curt Friedrich Ernst Watzdorff, einer der Ururururenkel der ersten Brandt von Lindau, Mitte des neunzehnten Jahrhunderts angelegt hat – wie es heißt, aus unglücklicher Liebe zu einer bayrischen Grafentochter.

Es riecht frisch in den Fluren mit den gekalkten Wänden. Die Fußböden sind mit Sandsteinplatten belegt. Der Kölner Architekt Ulrich Ahlert hatte nämlich eine Vision: ein Schloss zum Wohnen, mit familienfreundlichen Appartements und gemeinsam genutzten Repräsentationsräumen zum Feiern und Zusammenleben, eine Landkommune für Besserverdienende. Eigentlich war er Ende der 1990er Jahre nur gekommen, um eine Turnhalle für die Gemeinde zu bauen. Daraus wurden zehn Jahre und fast eine Zweitheimat. Der gebürtige Westfale erweckt gern von sich den Eindruck, Probleme wären nur dazu da, von ihm persönlich aus der Welt geschafft zu werden. Er ließ Turm und Feldsteinmauern ausbessern, die Sandsteinportale im Innenhof restaurieren, die niedrige Decke im Gartensaal herausreißen, eine Galerie und im Keller luxuriöse Saunen einbauen. Jeder der zwanzig Wohnungen gab er einen offenen, individuellen Grundriss, ausgelegt auf den postmodernen Stil urbaner Appartementkultur zwischen kostspieliger Eleganz und kühler Kargheit. So thront es nun wieder mitten im Dorf, vorn demokratisch auf Augenhöhe mit Gemeindeverwaltung und Bürgermeisteramt, hinten standesbewusst mit steinerner Balustrade über den Häusern der Einheimischen. Die heutigen Mieter, solvente Stadtmenschen und Berufspendler, sonnen sich auf der Schlossterrasse im Glanz der alten Herren von Wiesenburg und wissen wenig davon, was im alten Dorf vorgeht.

Sankt Martinstag, Anfang November. Die Straßen glänzen, von kalter Nässe poliert. Die Blaskapelle vorneweg, trottet die Einwohnerschaft mit bunten Laternen und Fackeln, Kindern, Kinderwagen und Fahrrädern vom Goetheplatz die Hauptstraße hinauf. An der Görzker Straße, wo früher die Bockwindmühle stand, hält der Ortsbürgermeister eine kurze Rede. Dann bewegt sich der Zug ins Altdorf, wo die Freiwillige Feuerwehr Wiesenburg im Kirchgarten einen Scheiterhaufen errichtet hat. Als der Laternenzug eintrifft, lodert das Feuer schon lichterloh, und die Kinder halten Stockbrote über die rot glühenden Buchenholzscheite. Durch den schwarz glänzenden Abend zieht bitterer Geruch von schwelendem Holz, Herbstlaub und Erde. Die ausgehöhlten Stämme glimmen noch lange, einen magischen Kreis bildend zu Füßen der romanischen Backsteinkirche, als sei der Geist der letzten Heiden von Brandenburg zurück in der Heimat.

Fragen Sie einen alten Brandenburger, woher seine Vor-
fahren sind. Er wird Ihnen sagen, Breslau, Keenichsberch
oder Landsberg an der Warthe. Zwei Jahre nach Fontanes
Tod durchäderte ein dichtes Netz von Eisenbahnlinien die
Mark Brandenburg. In den prosperierenden Jahren um
1900 war noch das kleinste Kleckerdorf über Schienen an
den Blutkreislauf der Industriemetropole angeschlossen;
mit der Demokratie war es allerdings nicht so weit her.
Das Elend, das Berlin Tag für Tag produzierte – rußige
Luft, verstopfte Straßen, überbelegte Massenquartiere –,
mussten die Bodelschwinghschen Anstalten bei Bernau,
die Beelitzer Lungenheilstätten, die Uchtspringer Nerven-
heilanstalt und die vielen Waldsanatorien auskurieren.
Industrielle ließen sich Schlösser bauen, die jeden märkischen Junkersitz neben sich verblassen ließen.

Familien zogen mit Kind und Kegel und Picknickkorb
int Jrüne, nach Jottweedee, janz weit draußen. Große Acker-
und Waldflächen waren königliche Domänen, Millionen
märkischer Bäume flogen durch Berliner Schornsteine,
bevor die UNION-Kohlebriketts erfunden waren. Schöne-
berg, Tegel, Spandau, Tempelhof, Moabit, Rixdorf, Wed-
ding, Köpenick, Charlottenburg und noch ein paar andere
märkische Dörfer wurden von der Metropole verschluckt.

Seit 1850 war die Stadt so schnell gewachsen, dass man daran dachte, sie als Provinz Berlin aus der preußischen Provinz Brandenburg auszugliedern. 1921 hatte sich die Einwohnerzahl bereits verdoppelt, das Stadtgebiet war um das Zwölffache auf fast neunhundert Quadratkilometer gewachsen und hieß nun Groß-Berlin.

Jetzt wächst Gras zwischen rostigen Schienen. Mehr als sechzig ländliche Bahnhöfe und hundertfünfzig Streckenabschnitte wurden stillgelegt, Kleinbahntrassen zu Radstrecken und Skaterbahnen ausgebaut. Und kurz vor der Jahrtausendwende, nachdem die Mauer gefallen und West-Berlin keine Insel im »Roten Meer« mehr war, sollten Brandenburger und Berliner zum ersten Mal abstimmen, ob sie wieder ein gemeinsames Land werden wollten. Die Berliner wollten, die Brandenburger wollten mehrheitlich nicht. Zu lange hatte sich die Residenz- und Hauptstadt gegen die Mark komfortable Sonderrechte herausgenommen; das vergaßen die Märker den Berlinern nicht so bald.

Ende des neunzehnten Jahrhunderts wuchs der Hunger nach Rohstoffen und Arbeitskräften proportional zur Armut in den östlichen Provinzen des Reichs. So viele Dienstmädchen und Handwerksburschen konnte Berlin gar nicht mehr in Lohn und Brot bringen, wie um 1900 täglich auf dem Schlesischen, Küstriner und Wriezener Bahnhof ankamen. Seit Oktober 1898 verkehrte die Wriezener Bahn zwischen Wriezen, Werneuchen und Berlin-Lichtenberg, ab 1903 durchgängig bis Schlesischer Bahnhof. Die erste Station jenseits der Oder war Zäckerick-

Neurüdnitz, heute Siekierki. Und eines Tages kaufte sich auch meine märkische Oma eine Fahrkarte vierter Klasse, stieg mit ihrem Bündel in die Wriezener Eisenbahn und fuhr nach Berlin, nicht viel älter als sechzehn, um als Dienstmädchen in Stellung zu gehen.

1900 war sie in dem kleinen Fischerdorf Alt-Rüdnitz am rechten Oderufer geboren worden, das zum Kreis Königsberg in der Neumark gehörte. Zwischen dem Geburtstag der Markgrafschaft Brandenburg und dem meiner märkischen Oma liegen demnach 743 Jahre, in denen die Ritterheere Albrechts des Bären die heidnischen Slawen bekehren, die Unbekehrten ermorden und die Werber des Magdeburger Erzbistums im ottonischen Reich umherziehen müssen, um die verlassenen Dorfanger, Brücken, Mühlen und Stege in den unwegsamen Havelsümpfen mit christlichen Kolonisten zu besiedeln. Linksrheinische Flamen und Burgunder, niederländische Torfstecher müssen ihre überfluteten Dörfer verlassen, um nach Ostland zu ziehen, Auswanderungswillige vom Niederrhein, aus Westfalen, Niedersachsen und Oberfranken müssen sich ihnen unterwegs anschließen, fünfundzwanzig Generationen müssen ihr Blut mit dem Blut von Franken, Alemannen, Burgundern, Rugiern und Kelten vermischen, Sümpfe trockenlegen, Flüsse umleiten, Dörfer und Städte anlegen, Kirchen bauen, Zäune um ihre Höfe pflocken, Kinder gebären und ihre Alten begraben, bevor in einem Fischerdorf an der Oder ein großäugiges Mädchen auf die Namen Emma Frieda getauft wird.

Die Neumark war bis 1945 der östlichste und jüngste Teil der Mark Brandenburg und der Provinz Preußen, geformt von Oder, Warthe und Netze mit ausgedehnten Sümpfen, Mooren und Auen. Sächsische Ritter errichteten im dreizehnten Jahrhundert am Zusammenfluss von Warthe und Netze die Kastellanei Zantoch. Weil die Burg aber so oft von pommerschen Ritterhaufen überfallen wurde, verkaufte der polnische Herzog Przemysl I. sie, des Streits müde, 1254 dem brandenburgischen Markgrafen Otto III. Zur Sicherung der neuen Mark gründete dieser an einer Warthefurt die Stadt Landsberg und erweiterte durch geschickte Zukäufe die Neumark östlich bis zum Fluss Drage und nördlich bis zur Persante bei Neustettin. Im Norden vom Herzogtum Pommern, im Osten von der Provinz Posen und im Süden von Schlesien begrenzt, umfasste die Neumark zur Zeit ihrer größten Ausdehnung das Land Sternberg, die Kreise Königsberg/Neumark, Soldin, Landsberg/Warthe, Friedeberg, Arnswalde, Dramburg, Schivelbein, das Herzogtum Crossen mit dem Kreis Züllichau-Schwiebus, die Niederlausitz mit den Kreisen Sorau und Guben und die nach der Polnischen Teilung dazugekommenen Kreise Schwerin/Warthe, Meseritz und Bomst.

Heute liegen sich Stara Rudnica/Alt-Rüdnitz am polnischen und Neurüdnitz am deutschen Ufer friedlich gegenüber. Der letzte Zug nach Siekierki fuhr 2002. Die Brücke ist seitdem gesperrt. Kohlweißlinge umflattern lila Disteln auf dem Oderdeich am Rietzer Polder; drüben schreien badende Kinder sich polnische Wörter zu; ein Anglerkahn schaukelt im Schilf. Unter alten Erlen und Buchen verstecken sich Loosegehöfte und Fischerhäuser. Bienenumschwärmt blühen Holunder- und Jasminbüsche.

Frösche quaken, Reiher und Möwen segeln lautlos über die spiegelnde Fläche des überfluteten Bruchs, wenn im Frühsommer Oder, Warthe, Neiße, Weichsel und ihre Zuflüsse das Land bis hinunter nach Wroclaw überfluten. Wo die Fähre bei Güstebiese normalerweise die Ufer verbindet, ist dann eine unübersehbare Wasserfläche. Uferbüsche und Weiden recken ihre Kronen aus dem zeitlichen Meer, kilometerlang schieben sich Pappeln wie marschierende Mauern vor die dunstigen Höhen des Barnim.

Auf einem Hügel mit weitem Blick bis zum Waldrücken des Barnim ließ sich die preußische Königin Friederike Luise von ihrem Baumeister David Gilly, einem der Gründer der Berliner Bauakademie, in Bad Freienwalde ein hübsches Schlösschen bauen, in dem sie bis zu ihrem Tod 1805 die Sommermonate verbrachte, während ihr königlicher Gemahl Friedrich Wilhelm II. das düstere, kalte Berliner Stadtschloss mit seiner Mätresse teilte. Mit seinen luftigen Parkanlagen und der schwefelhaltigen Heilquelle, dem das Städtchen seinen Ruf als erstes brandenburgisches Kurbad verdankte, zog es Kaufleute und Unternehmer an, die sich auf dem gegenüberliegenden Hügel Villen bauen ließen. Nach Friederikes Tod war das Schlösschen dem Verfall überlassen. Jetzt prunkt es wieder mit goldenem

Krönchen, schneeweißen Balustraden und rosa Fassade. Hinter seinen Fenstern schrieb der letzte Bewohner, der Außenminister der Weimarer Republik, Walter Rathenau, der sich das Palais in neoklassizistischem Stil herrichten ließ, sein eigenes Todesurteil: Drei Monate nachdem er im Vertrag von Rapallo den ersten Wirtschaftsvertrag zwischen Deutschland und Sowjetrussland entworfen hatte, wurde Rathenau in Berlin-Grunewald von ultranationalen Freischärlern ermordet.

Da hatte meine märkische Oma in Berlin längst ihr Glück in Gestalt eines blonden Schlossergesellen aus dem Saarland gefunden, der von den Schlachtfeldern bei Verdun ein Souvenir mitgebracht hatte, das in seinem Schädelknochen herumwanderte, einen Granatsplitter, der bei Regenwetter Morsezeichen schickte von Kaiser, Volk und Vaterland. Karl August heiratete die großäugige Odernixe vom Fleck weg und ließ sich mit ihr in einem der Siedlungshäuschen nieder, die in aller Eile für die vertriebenen Reichsdeutschen aus Elsass-Lothringen und Westpreußen am Stadtrand von Berlin gebaut worden waren, und arbeitete zügig an den Voraussetzungen meines Erscheinens. Im Frühjahr zeigte ihm Frieda, wie man Tabaksetzlinge einpflanzt, Sohn Kurti übte fleißig auf dem Akkordeon, im Oderbruch Schifferklavier genannt, die Töchter taten das ihre, sie wurden hübsch. Im Herbst fädelten sie die großen Tabakblätter auf Strippen und hingen sie zum Trocknen im Schuppen auf, wie es in jedem Oderbrücher Kolonistenhaus seit Jahrhunderten Brauch war, während

Karl August seiner Frau aus dem sozialdemokratischen *Vorwärts* vorlas. Weiter weiß ich nicht viel von meinen Großeltern, als dass es leise Menschen waren, sich und ihren Kindern zärtlich zugetan, und dass Oma Zigaretten der Marke F6 rauchte und Boxkämpfe im Fernsehen liebte. 1942 musste Kurti in den Krieg, nach Stalingrad. Ein halbes Jahr später kam statt seiner eine Postkarte im Biesdorfer Fridolinweg an, die ihn als *vermisst* meldete. Er wurde nur neunzehn, mein unbekannter Onkel. Nie hörte ich in unserer Familie jemand Akkordeon spielen, und Großvater starb – schwer zu sagen, ob aus Kummer oder an seinem Granatensplitter – ein halbes Jahr vor meiner Geburt.

Im Oderbruch herrscht ganzjährig kontinentales Klima. Stürmische Winter und heiße, trockene Sommer und fast nichts dazwischen. In strengen Wintern hat die Oder starken Eisgang, Eisschollen treiben mit dumpfem Poltern in der Strömung. Im scharfen Wind ducken sich die Dörfer an der Alten Oder, die sich als schmales Rinnsal zwischen Krüppelweiden und gelbem Wintergras schlängelt.

Die Alte Oder ist das, was von dem stolzen Strom übrigblieb, nachdem Friedrich II. das Oderbruch trockengelegt und mit Kolonisten besiedelt hatte. Nach dem Plan des Oberdeichinspektors Simon Leonhard von Haerlem wurde 1747 zwischen Güstebiese und Hohensaaten der Neue Oder Canal angelegt, die Oder um fünfundzwanzig Kilometer verkürzt und begradigt. Viele Fischer verloren ihren Lebensunterhalt und mussten auswandern. Auf dem gewonnenen Land wurden über tausend Familien aus der Kurpfalz, dem schweizerischen Neuchâtel, Waadtland, dem Berner Jura, aus Hessen-Darmstadt, Württemberg, Westpreußen, Mecklenburg, Franken und Trier als Kolonisten angesiedelt. Die Anlage der Dörfer begann mit dem Ausheben des Schachtgrabens in der Mitte der Dorfanger. Rechts und links liegen noch heute die Bauerngärten des Oderbruchs in sommerlicher Blütenpracht unter schattenspendenden Weiden, Obst- und Nussbäumen. Die Häuser waren niedrig, aus Lehm mit Rohrdach errichtet; dazu gab es für jede Familie zwischen zehn und neunzig Morgen Land. Die Kolonistenstellen wurden streng nach Konfession vergeben. Die Reformierten und die Lutherischen verteilten sich über Neuküstrinchen, Neubarnim, Neutornow, Neutrebbin, Neulewin und Neulietzegöricke, heute ein mustergültig rekonstruiertes Bruchdorf mit einer Perlenkette frischverputzter Fachwerkhäuschen. Mitten im Bruch leuchtet backsteinrot der Oderbruchdom, 1775 für die Seelen von elf Dörfern geweiht, mit seiner wehrturmartigen Apsis und der schlanken Spitze weithin sichtbar am Dorfrand von Neuküstrinchen.

An der engsten Stelle des Oderbeckens liegt Frankfurt an der Oder. Schlesische Herzöge übernahmen im Mittelalter den Schutz der Kaufmannszüge zwischen Krakau, Prag, Paris und Aachen, die seit den Zeiten Karls des Großen die Furt passierten, daher »Frankenfurt«. Im Wappen führt Frankfurt neben zwei Türmen und dem brandenburgischen roten Adler einen roten fränkischen Hahn, lat. Gallus. Die askanischen Markgrafen verliehen Frankfurt das Stadtrecht; dem Hansebund verdankte es den raschen Aufstieg als Handelsstadt und Regierungssitz der Neumark. Das Rathaus mit dem mittelalterlichen Laubengang, in dem Geldwechsler und Händler ihre Buden hatten, wurde in der Hansezeit erbaut. Die steinernen Fische im Giebel zeigen an, dass die Frankfurter von alters her Schiffer, Fischer und Kaufleute waren. Dass sich Heringshandel, Künste und Wissenschaften vor fünfhundert Jahren bestens vertrugen, bewies die Universität Viadrina, die am 26. April 1506 ihre Matrikel eröffnete. Einer der prominentesten Studenten wurde der Dichter Martin Opitz aus dem schlesischen Bunzlau. Sein *Buch von der deutschen Poeterey* erschien 1624, ein Jahr später krönte ihn Kaiser Ferdinand II. zum Poeta laureatus.

Während der napoleonischen Kriege wurde die Alma mater frankfurtensis auf der Flucht vor den französischen Besatzungstruppen mit der kompletten Bibliothek auf Schiffen nach Breslau evakuiert und im ehemaligen Jesuitenkolleg einquartiert. Dort sah der Freienwalder Augenarzt und Heimatforscher Ernst-Otto Denk eines Tages auf einem Deckengemälde die antikisierende Darstellung eines Flussgottes mit Ruder, Quellgefäß und Schilf im Haar. Eine ähnliche Abbildung kannte er von dem Titelblatt eines Buches mit Übersetzungen des berühmten Martin Opitz aus dem Lateinischen. Als er auf dem Fries eines Stadttors in Szczecin eine dritte Darstellung eines Flussgottes entdeckte, hatte er eine Idee. Seit uralten Zeiten sind Flüsse die mächtigen Geister der Landschaften, während die lieblichen Nymphen oder Nixen in Bächen und Quellen wohnen, weshalb Flussnamen in vielen Sprachen weiblichen Geschlechts sind. Ernst-Otto Denk wollte unbedingt einen Gott für Frau Oder, und er bekam ihn. Der Wriezener Bildhauer Horst Engelhardt entwarf eine Stahlskulptur nach antiken Vorbildern, und seitdem steht er da am Fährübergang Güstebieser Loose auf einem kleinen Sandwerder, der neue Gott der Oder, das Haupt in alle vier Weltrichtungen gereckt wie Svantewit, der slawische Himmelsgott, den Nabel umstrudelt von den braunen Fluten.

Das heutige Frankfurt ist wie ein Buch, das der Setzer verdorben hat: zu viele Durchschüsse und zu wenig Zeilen. Die Stadt ist unlesbar geworden durch aufeinanderfolgende Kriege, Brände und Epochen. Beton und Ziegel, Oderturm und Marienkirche, Plattenbau und Backsteingotik, sechsspurige Straßen und schattige Kirchplätze, Uferpromenaden und McDonald's finden nicht mehr ins Zwiegespräch über tausend Jahre Stadtgeschichte. So suchen die Stadtväter und -mütter ihr Heil in dem bedeutendsten Theaterdichter des friderizianischen Preußen, zugleich dessen radikalsten Kritiker, und haben, nachdem das Geld für ein Drei-Sparten-Stadttheater vor Jahren eingespart wurde, trotzig Frankfurt zur Kleist-Stadt erklärt. In die ehemalige Garnisonsschule an der Oderpromenade ist ein Museum für Heinrich von Kleist eingezogen, der in Frankfurt geboren wurde und 1811 am Ufer des Kleinen Wannsees erst seine Geliebte und dann sich selbst erschoss. So muss nun Berlin sich künftig überlegen, wie es mit einem Dichtergrab verfährt, das, zwischen Schnellstraße, Rudersportverein und Ausflugslokal gelegen, mehr Pilgerort für romantische Selbstmörder denn für Liebhaber der schönen Literatur ist.

KLEINE FLUSSKUNDE

Als Berlin noch eine Sandinsel zwischen zwei Flussarmen war, wo Mücken, Rotwild und Bären hausten, tuschte im fernen China der Dichter Li Tai Po die folgenden Verse auf Reispapier:

Im Herbst kreist einsam überm grauen Weiher
Von Schnee bereift ein alter Silberreiher.
Ich stehe einsam an des Weihers Strand,
Die Hand am Blick, und äuge stumm ins Land.

Drei märkische Dichter des zwanzigsten Jahrhunderts haben in dem fernen Chinesen Li Tai Po ihren Seelenverwandten entdeckt und ihn übersetzt: Günter Eich, Klabund und Richard Dehmel. 1863 in Hermsdorf bei Wendisch Buchholz geboren, war Dehmels Vater Förster in Kremmen in der Prignitz. Die Kremmener haben einen schmalen Waldweg nach Richard Dehmel benannt.

Hinterm Elternhaus am kleinen Weiher,
Dicht umdunkelt rings von Weidenruten,
Breitet eine Pappel ihre schwanken Zweige
Nickend über Schilf und Fluten.

Wer an Flüssen und Seen lebt, sieht den Himmel zweimal. Das müssen glückliche Menschen sein, also die Mehrzahl der Brandenburger. Doch gedeiht unter Vogelzug und hohem Himmel zwischen Luch, Bruch und Barnim vor allem die schöne Melancholie. Der Neumärker Klabund, eigentlich Alfred Henschke, 1890 in Crossen an der Oder (Krosno Odrzańskie) geboren, schrieb humoristische Romane und satirische Beiträge für *Pan*, *Simplicissimus* und *Weltbühne*. Seiner Heimatstadt aber widmete er eine zarte Ode.

> *Oft*
> *Gedenk ich deiner*
> *Kleine Stadt am blauen*
> *Rauhen Oderstrom*
> *Nebelhaft in Tau und Au gebettet*
> *An der Grenze Schlesiens und der Mark*

Der dritte, Günter Eich, wurde 1907 in Lebus/Lubusz geboren, einer ehemaligen Wilzensiedlung an der Mittleren Oder. Nach 1945 war Eich der modernste Dichter, den die deutsche Literatur hatte, und vielleicht der einsamste.

> *Oder, mein Fluß,*
> *der keine Quelle hat:*
> *In Tropfern sickert es,*
> *aus Gebirgen von Zeit,*
> *Wasser, das nach Kindheit schmeckt.*
> *Oder, mein Fluß,*

eine Breite, um Holüber zu rufen,
ein November für Regen

Er wollte die deutsche Sprache nach zwölf Jahren faschistischer Diktatur von falsch gewordenen Namen, Zeichen und Begriffen befreien. Sein Abschiedsgruß an die Oder stellt die geographischen Verhältnisse wieder her; aus dem deutschen Fluss wird wieder der Grenzfluss, die Zeitengrenze.

Der Name Odra ist sehr alt und kommt aus dem Sanskrit. Wie Donau und Rhein ist die Oder ein europäischer Fluss, durchschnitten von westöstlich verlaufenden Urstromtälern, die sich von Eberswalde nach Torun, von Berlin nach Warschau durch die westmitteleuropäischen Ebenen ziehen, ein strömender Meridian, die Arteria carotis der wendischen Marken.

Nachdem sie sich die lebhaften Flüsse der Beskiden und Sudeten einverleibt hat, fließt die Quelloder ostwärts, biegt dann als Obere Oder in weitem Bogen nach Norden, verlässt dabei Tschechien, wird polnisch, schmiegt sich als Mittlere Oder dem polnischen Wroclaw/Breslau entgegen, erreicht geradewegs die märkische Grenze, knickt steil nordwärts ab, durchwandert Frankfurt und verlässt die Mark Brandenburg als Untere Oder, um im Stettiner Haff als Dreigestalt von Peene, Swine und Dievenow in die Ostsee zu münden. Auf dem letzten Stück verliert sie zeitweise ihre Westoder, durchfließt als Stromoder die polnische Hafenstadt Szczecin und entlässt kurz vor der

Mündung aus sich noch die Große Reglitz. Auf ihrem Weg nach Norden hat sie die Wasser von Olsa, Malapane, Netze, Warthe, Neiße und fast fünfzig kleineren Flüssen in sich aufgenommen.

Seit Jahrhunderten versuchen die Menschen, die Oder mit Poldern, Kanälen und Deichen zu bändigen, die, sobald die Eisschmelze einsetzt, die flachen Ufer überflutet. Noch immer versetzt sie ihre Anwohner in Angst und Schrecken. Denn wenn in Ostrawa zehn Leute gleichzeitig in die Odra spucken, gibt es in Frankfurt Hochwasserwarnung. Bei der großen Flut von 1947 wurde das ganze Oderbecken zum Binnenmeer. Über zwanzigtausend Oderbrücher verloren Haus, Hof und Heimat. In der Nacht zum 22. März war nördlich von Reitwein auf hundert Metern der Damm eingebrochen. Das Wasser reichte bis ans zwanzig Kilometer entfernte Bad Freienwalde.

Da muß ich nun sagen, daß die Stadt Crossen von weitem ein recht proppren Aspekt bot. Sie lag wie ein Kloß in der Brühe, indem rings die weite Fläche ganz mit Wasser bedeckt war, da der Oderstrom dort in einen großen See mündet, welchen man die Aue benennt. Dieses deutsche Wort Aue ist aber als eine Verstümmelung des lateinischen Wortes Ave zu betrachten, und ist der Name für jenen See so zu verstehen, daß die Leute in alter Zeit das Ave Maria beteten, wenn das Wasser zu steigen und in ihre Häuser zu kriechen begann. Als ich nun den Berg hinabschritt und auf der artig in Holz aufgeführten Brücke stand, o Sapperment, wie fiel mir das Herz in die Pluderhosen. Denn unter der Brücke rauschte und quoll der Oderstrom, wie ein

Kataraktus, daß sie schwankte, und ich fürchtete, sie möchte jeden
Augenblick davonsegeln. In den Gassen und Straßen der Stadt
nun, auf dem Damm, in der Landgasse, in der Fleischergasse,
sah es, der Tebel hol mer, kurios genug aus, daß ich es nicht
beschreiben kann. Bottiche, Wannen, Flöße, aus ausgebrochnen
Dielen zusammengestellt, schwammen mit lustigem Mannes- und
Weibervolk besetzt, die da sangen, schrien und soffen, durch die
Gassen. In einem Fasse, das er, der Tebel hol mer, mit seinem
Spazierstöcklein admirabel dirigierte, fuhr der Herr Bürgermeis-
ter galant an mir vorüber, der ich, meinen Kober auf dem Puckel,
durch die wütenden Wasser watete.

Diese satirische Beschreibung einer Oderflut ist eine
ziemlich gelungene Fälschung des Schelmenbuchs von
Christian Reutter, *Schelmuffskys wahrhaftige curiöse und sehr*
gefährliche Reisebeschreibung zu Wasser und Lande, die der
zweiundzwanzigjährige Klabund 1912 in seinen *Alt-Cros-*
sener Geschichten veröffentlicht hat. So durfte das kleine
neumärkische Crossen an der blauen Oder auch mal in
einer Reihe mit Reutters Venedig, Amsterdam und Stock-
holm im Wasser stehen.

Man gibt sich Mühe miteinander, diesseits wie jenseits
des großen Flusses. Die Studenten der 1991 gegründeten
Frankfurter Universität Viadrina kommen zu gleichen
Teilen aus Polen und Deutschland, und viele wissenschaftliche und kulturelle Projekte sind grenzüberschreitend
zweisprachig angelegt. Zu sehen ist davon freilich noch
nicht viel. Die zweieiigen Zwillingsstädte Guben/Gubin
und Frankfurt/Slubice diesseits und jenseits der Oder-

Neiße-Friedensgrenze haben sich friedlich auseinander-
gelebt. Verschwunden sind 2004 die Lkw-Karawanen auf
den verstopften Oderbrücken und die Passkontrollen in
den Zügen, als Polen Mitglied der Europäischen Union
wurde. Deutsche Touristen trifft man in den benachbarten Woiwodschaften indessen seltener mit Wanderkarte,
Wörterbuch und Spazierstock als mit Plastiktüten und
Einkaufstaschen. Der Konsumismus bindet wieder, was
Politik und Ressentiment streng geteilt. An den Oder-
übergängen in Hohenwutzen/Osinóv Dolny, Frankfurt
a. d. Oder/Slubice und Küstrin/Kostrzyn haben sich große Polenmärkte etabliert. An einem heißen Sommertag
in Hohenwutzen prasselt unter den glühenden Blech-
dächern »Prosche basche« von kilometerlangen Standrei-
hen mit Glitzershirts, Uhren, Schmuck, Zigaretten, Käse,
Plastikspielzeug, Pflanzen, polnischer Dauerwurst auf die
Schnäppchentouristen ein. Einträchtig wird gefeilscht
und gehandelt wie auf jedem sizilianischen Fischmarkt
oder türkischen Basar, ein bisschen Balkan, ein bisschen
Euroland, geduldige Schlangen deutscher Kennzeichen vor
den Benzinzapfsäulen und viel polnisches Laisser-faire.

Gegen die mächtige, unberechenbare Oder und die sprung-
hafte Havel ist die Spree ein friedlicher, träger Fluss. Sie
entspringt bei Ebersbach in der Oberlausitz, ist also eine
geborene Sächsin mit drei Quellen in Ebersbach nahe
der böhmischen Grenze und ein linker Nebenfluss der
Havel. Die Spree schlängelt und mäandert und trennt

und versöhnt sich und schafft trotzdem in Berlin nur siebzehn und in Brandenburg höchstens vierundvierzig Zentimeter pro Sekunde, weil sie so wenig Gefälle hat. Im heißen, trockenen Sommer 2003 soll sie schon mal rückwärts geflossen sein. Hinter Bautzen teilt sie sich in die Kleine und die Große Spree. Bei Hermsdorf und Weißig übertreten die Arme getrennt die preußische, heute brandenburgische Grenze und vereinigen sich wieder bei Spreewitz. In einem Lauf passiert der Fluss Spremberg und Cottbus, weicht dem Tagebau Bärwalde aus, sammelt sich in der Talsperre Spremberg, ergießt sich kurz danach in Hunderte Arme und Bächlein und Fließe des Unterspreewalds (der gar kein Wald ist, sondern Wiesenland), bis bei Lübben wieder zwei Spreen zueinanderfinden. Bei der Richtungsänderung nach Nordosten verliert sie sich, kaum dass Lübben hinter ihr liegt, wiederum in mehrere Nebenarme und kommt erst bei Schlepzig wieder zu sich zurück. Ab Leipsch, in der Mitte ihres Flusslebens angekommen, wird sie immer breiter, sodass nun Schiffe auf ihr fahren können. Beeskow wird passiert, das Baruther Urstromtal erreicht. Nun scheiden sich Spree und Oder-Spree-Kanal bis Fürstenwalde wie Mutter und Tochter, die sich nichts mehr zu sagen haben. Gemeinsam werden dann wieder Schwieloch- und Müggelsee durchflossen. Als Müggelspree geht sie nach Berlin und bei Spandau wieder raus. Unterwegs nimmt sie die Wasser des Schwarzen und Weißen Schöps (sorbisch Čorny und Běly Šepc) von Görlitz her, der Malxe, Welse, des Rüdersdorfer Kalkfließ und an der Weidendammer Brücke in Berlin noch der Panke auf; von links kommen Berste und Dahme mit Notte und anderen Nebenflüssen dazu. Wo sich Spree und Havel vereinigen, ist das glückliche Ende eines Flusslebens erreicht, sein Nirwana, Auflösung in den großen Wassern ferner Ozeane.

Von Norden kommt die Havel, der dritte Hauptfluss der Mark Brandenburg und Nebenfluss der Elbe. Ihr Name soll germanischen Ursprungs sein und auf Haff, Bucht hinweisen. Ihren ursprünglichen buchtenreichen Verlauf durch Auen, ihre Mäander zwischen flachen, unbefestigten Ufern hat sie längst vergessen. Sie entspringt südlich des mecklenburgischen Mühlensees bei Ankershagen und passiert bei Fürstenberg die brandenburgische Grenze, nachdem sie sich von einem guten Dutzend mecklenburgischer Seen gespeist hat, mit einer beachtlichen Breite bis zu hundertsechzig Metern ab Pritzerbe. Sie hat viele Inseln – die bekanntesten sind Werder und Pfaueninsel bei Potsdam. Ihr starkes Gefälle machte sie zum fleißigsten schiffbaren Binnenstrom der Mark. Um die fünfzig Kanäle (die ältesten sind Finowkanal, Ruppiner und Sacrow-Paretzer Kanal) und Nebenflüsse und mehr als ein Dutzend Schleusen zählt die Havel und ist damit die am intensivsten kultivierte Flusslandschaft in Brandenburg.

Nach dem Bau des Oder-Havel-Kanals widerfuhr der Alten oder Schnellen Havel dasselbe wie der Alten Oder; abgeschnitten von ihren Zuflüssen begleitet sie als Rinnsal den Mutterfluss und vereinigt sich erst bei Oranienburg wieder mit ihm. Das Havelland (nicht mit dem heutigen Landkreis identisch) bezeichnet eine tief liegende Landschaft, die von der Havel an drei Seiten umflossen und im Norden vom Rhin begrenzt wird. Als natürliche Grenze schützte sie die Dörfer der Heveller (= Havelländer) gegen die Überfälle der askanischen Ritter und der Sprewanen. Nun braucht sie selbst Schutz.

Die Nuthe und ihre Tochter Nieplitz sind flache, morastige Nebenflüsse der Havel, die im Niederen Fläming entspringen und sich, von silbrig flirrenden Pappel- und Erlengarden begleitet, vor tausend Jahren an slawischen Dorfwällen vorbei durch üppige Schwemmwiesen ihren Weg suchten. Krebse, Muscheln und Fischlein lebten darin in Hülle und Fülle, bis sie, eingedeicht und begradigt, mit ihrer Anmut auch ihre Gaben verloren.

Fünfzehn Bäche münden in die Stepenitz, darunter Karthane, Sabel, Krummbach, Kreuzbach, Kalterbach, Freudenbach, Schlatbach. Die Stepenitz ist einer der fischreichsten und stolzesten märkischen Flüsse, die zu Unrecht neben Spree und Havel oft vergessen wird. Sie entspringt bei Meyenburg in der Prignitz aus einer 140 Meter hoch gelegenen Quelle. Die Stepenitz verschönt die idyllischen Dörfer Putlitz und Wolfshagen, umarmt die Stadt Perleberg und mündet gemeinsam mit der kleinen Karthane bei Wittenberge in die Elbe. Wie Dömnitz, Schwarze Elster und Pulsnitz ist sie ein springlebendiger Fluss, in dem sich Lachse, Forellen, Äschen, Neunaugen und Saitlinge wohlfühlen.

Im nordöstlichen Havelland fließt die Muhre, Moder oder Muder (Modra = die Blaue), eines der ersten Opfer der Meliorisationen unter Friedrich Wilhelm I. Einst bildete sie den Grenzfluss zwischen dem askanischen Havelland und dem pommerschen Barnim, einem Moränenzug zwischen Spree, Havel, Finowkanal und Oderbruch. Der Wechsel von trockenen Sandern und Urstromtälern, durch die sich Schmelzwasserflüsse gruben, formte das Land während der letzten Eiszeit. Im Hinterland der nördlichen Endmoränen bildeten sich unter den Gletschern Grundmoränenplatten, aufgesetzte Sandinseln wie das Ländchen Glien, Zauche, Barnim und die Nauener Platte, die, von Luchen und Mooren umgeben, die ersten Siedlungen aufnahmen. Im Südwesten des Barnim erstreckt sich eine bewaldete Dünenfläche, der Krämer, an dessen Nordrand die Prignitz-Stadt Kremmen liegt, das heimliche Herz der *marchia brandenburgensis*, will man dem Oberpfarrer Samuel Buchholtz aus Lychen glauben, einem der Gerechten der alten Marken, der in Kremmen wirkte und starb. In seinem sechsbändigen *Versuch einer Geschichte der Churmark Brandenburg* bot Buchholtz 1785 die bis dahin gründlichste Darstellung der slawischen oder wendischen Vorgeschichte der Marken aus mittelalterlichen Quellen. Aus seiner Empörung über das Abschlachten der slawischen Ureinwohner machte Buchholtz kein Geheimnis – im Gegensatz zu den vaterländischen Geschichtsschreibern des achtzehnten Jahrhunderts, für die märkische Geschichte im Allgemeinen mit Askaniern und Hohenzollern anfing. Noch Theodor Fontane hat Buchholtz' Werk fleißig benutzt.

Durch das Baruther Urstromtal fließt die Dahme, auch wendische Spree genannt, denn an ihrem Zusammenfluss mit der Spree in Berlin-Köpenick stand vor tausend Jahren eine mächtige Slawenburg. Die Seen des südöstlichen Berliner Umlands zwischen Prieros, Zeuthen und Königs Wusterhausen speist sie mit ihren lehmfarbenen Wassern. Sie entspringt bei der Fläming-Stadt Dahme und schlängelte sich ausufernd zwischen Golßen und Märkisch-Buchholz durch schattige Laubwälder, bis auch sie im zwanzigsten Jahrhundert als dienstbarer Fluss begradigt und kanalisiert wurde.

Der Rhin hat Rheinsberg seinen Namen gegeben. Die Elde kommt aus Mecklenburg-Vorpommern und ist, zur Wasserstraße ausgebaut, zusammen mit der Dömitz über weite Strecken befahrbar. Ihr brandenburgisches Gastspiel beginnt sie südlich der Müritz bei Plau am See. Hinter Eldena trennt sich der Eldekanal von der Alten Elde, die sich bei Seedorf mit der Löcknitz vereinigt und brandenburgisch wird. Gemeinsam wandern sie bis Klein Schmölen, wo bis 1973 ihre Mündung in die Elbe war. Dann wieder gibt es Flüsse, die selten oder nie das Licht der Sonne sehen und unterirdisch durch Düker geleitet werden. Die Ragöse in der Schorfheide unterquert Bahnstrecken und Bundesstraßen und mündet in den Oder-Havel-Kanal. Die Böke (Telte) wurde vom Teltowkanal geschluckt und verlor sogar ihren Namen, obwohl sie ihn einst dem Teltow lieh, einem sandigen Grundmoränenrücken, auf dem der größte Teil von Berlin liegt. Geschätzte fünfzig Sickerquellen liegen unterirdisch um Dippmannsdorf herum im Fläming, vereinigen sich in der Temnitz und fließen zusammen in die Plane. Die Buckau entspringt bei dem Flämingdorf Görzke, passiert die Stadt Brandenburg, wendet sich nach Westen, unterquert eine Bundesstraße und eine Eisenbahnlinie und mündet bei der Insel Kienwerder in die Havel. Bei Brandenburg ergießt sich das Flüsschen Verlorenwasser in die Buckau, ist also am Ende doch nicht ganz verlorengegangen, wie sein Name behauptet. Wo es unweit seiner Quelle wirklich mitten im Wald verschwindet und einige Kilometer weiter wieder auftaucht, liegt das gleichnamige Flämingdörfchen, vor Jahren das berühmteste Kaff der DDR. Am Ortsausgang weist noch ein alter Wegweiser *Zum Mittelpunkt der DDR*. Der Erfinder dieser Narren-Geographie war die beliebte DDR-Unterhaltungssendung *Außenseiter – Spitzenreiter*. Als sie 1988 ausgestrahlt wurde, lag Verlorenwasser noch mitten im militärischen Sperrgebiet der Nationalen Volksarmee der DDR, ein kilometerbreiter Gürtel entlang der innerdeutschen Grenze. Man nehme eine alte Deutschlandkarte, schneide die DDR säuberlich aus, klebe sie auf ein Stück feste Pappe und spieße sie auf eine Nadel, bis die Pappe im Gleichgewicht ist. Wo die Nadelspitze sticht, da war der Massemittelpunkt der DDR. Erst 1994 wurde Verlorenwasser mit einer offiziellen Rede des Bürgermeisters wieder ein öffentlich zugängliches Walddorf; heute liegt es direkt am Europawanderweg Petersburg – Amsterdam, mitten in Europa.

Der rötliche Schein der Backsteine, das weiche Streulicht nach dem Regen, schräg stürzende Strahlenbündel, schwimmende Horizonte im Herbst und Winter, weiße Wiesennebel – vielleicht ist es das, was das Land zwischen Ucker, Oder, Elbe und Elster so träumerisch sanft macht, die Unbestimmtheit einer flachgeformten Landschaft, auf die das Licht seine Bilder malt. Denn der größte Landschaftsmaler und Baumeister ist die alles verwandelnde Zeit. Daher fahre man ins Havelland am besten im Frühling, wenn die Obstbäume blühen und das Laub der Bäume noch durchsichtig flimmert, ins Oderbruch im Frühsommer, wenn Holunder, Flieder und Jasmin vor den Häusern üppig blühen, in die Niederlausitz zur Zeit der Froschkonzerte und Wiesenblumen, in die Prignitz beim herbstlichen Anflug Tausender Kraniche und Wildgänse und in die Uckermark Ende Juli, wenn Weizen und Hafer wie flüssiger Honig über die Hügel fließen.

Je weiter nach Norden, umso auffälliger mischen sich Backstein, Feldstein und Fachwerk. Die Prignitzstadt Perleberg, auf einer Stepenitz-Insel im dreizehnten Jahrhundert angelegt, haben acht Jahrhunderte Baukunst geprägt. Gegenüber dem Roland, Wahrzeichen des Stadtrechts, das vierhundertjährige Rathaus mit dem eleganten Turm von 1839 und dahinter, sechshundertfünfzig Jahre älter, die gotische Jacobikirche mit rechteckigem Hochchor, umgeben von mittelalterlichen Handwerkerhäusern und Bürgerhäusern der Gründerzeit. Das strahlend weiß verputzte und bestuckte Hotel Kaiser und das ziegelrote Kaiserliche Postamt bezeugen den Wohlstand der Handelsstadt im neunzehnten Jahrhundert. Die Stepenitz-Stadt Meyenburg hat noch eine nahezu komplette Stadtmauer mit Turmfragment aus Feldsteinen und ein Backsteinschloss im Stil der Neorenaissance, in dem jetzt ein Modemuseum ist. Auch Putlitz, slawisch: Pochlustin, in der nordwestlichen Prignitz kann einen Bergfried vorweisen, dessen Grundmauern auf den Resten einer slawischen Festung aus dem neunten Jahrhundert ruhen. Dagegen ist die Stadtpfarrkirche Sankt Nikolai, ein Feldsteinbau mit ornamentalen Backsteinverzierungen, erst gut hundert Jahre alt, ihre Turmspitze sogar erst jüngst von den Putlitzern gestiftet. Sankt Marien in Tangermünde ist bis zu einer Höhe von etwa zwanzig Metern aus Feldsteinen errichtet, darüber aus Backsteinen. Schloss Boitzenburg in der Uckermark erinnert mit Türmchen und Giebelchen, Gauben und Zinnen an ein nördliches Neuschwanstein. Sein glatter weißer Verputz ist aber Täuschung; darunter verbirgt sich eine siebenhundertjährige Baugeschichte. Seit 1528 gehörte es über vierhundert Jahre der Familie von Arnim. Barock, Neogotik, Neorenaissance und 33 Millionen Euro Fördergelder des Landes mussten durch seine alten Mauern fließen, ehe es als nobelste Jugendherberge von Deutschland nun in neuem Glanz erstrahlt.

Die ländliche Neugotik ist eine märkische Spezialität des neunzehnten Jahrhunderts, aber nicht unbedingt für jeden Kunstliebhaber bekömmlich. Am nordwestlichen Rand der Uckermark hat ein Nachfahre der Grafen von Schwerin die Gutsanlage Wolfshagen/Blücherssieg mitsamt Scheunen, Schmiede und Herrenhaus großzügig restaurieren lassen. Die Schwere des bunten Granits nimmt sich in der zierlichen Umfassung aus roten Ziegeln so seltsam aus wie ein Landarbeiter mit Allongeperücke. Die Plattenburg bei Bad Wilsnack, um 1147 an der Karthane als Wasserburg errichtet, trägt dagegen das echte Siegel der askanischen Markgrafenzeit; erst nach dem Tod des letzten, Waldemar, fiel sie in den Besitz der Bischöfe des Bistums Havelelbe.

Die märkische Backsteinarchitektur kam mit den Klosterbaumeistern des zwölften Jahrhunderts in den Norden. In Chorin, Lehnin, Zinna und an anderen kirchlichen Gründungsorten wurden die Klosterziegel vor Ort geformt, gebrannt und verbaut, doppelt so groß und schwer wie gewöhnliche Mauerziegel jener Zeit. Auch die durchbrochenen Schmuckelemente wurden aus speziell geformten Rohlingen zusammengesetzt. Ornamentik und Zierrat am Südgiebel von Sankt Katharinen in Brandenburg, 1401 erbaut, zeigen die vollendete Kunst des Backsteinbaus. Verspielte Kreuzrippen, Rosetten und Spitzbögen, rot und grün glasierte Steinbänder fügen sich zum mehrstimmigen Gesang der Steine, lobend den höchsten Herrn im Himmel. Die Marienkirche von Prenzlau, 1235 begonnen, ist mit ihrem vorgeblendeten Ostgiebel aus himmelaufstrebendem Maßwerk eine wahre Schönheit des Nordens, ein Meisterwerk der Backsteingotik.

Doch wohin man auch kommt: Nirgends sieht das Alte wirklich alt aus. Die Stadttore von Gransee oder Templin, Stadtmauer und Burg von Wittstock, der Havelberger Dom (heute Bundesland Sachsen-Anhalt), das Dominikanerkloster Neuruppin, die Rathäuser und Kirchen von Frankfurt oder Prenzlau sind schön anzusehende Muster gelungener historischer Altstadtsanierung, Kleinodien deutscher Baudenkmalpflege.

Und auch die märkischen Dörfer sind heute schöner denn je, mit viel Fachwerk und Fischteichen, Reiterhöfen, Hofläden und Ziegenkäsereien. Romantik und Ruinen – das war einmal. Überall weicht die Poesie des Verfalls der perfekten Rekonstruktion – mit eingebautem Komfort des zwanzigsten Jahrhunderts. Nie mehr werden wir, wie noch Theodor Fontane und Carl Blechen, mit angenehmem Frösteln in Feldsteinkirchen und Klosterruinen die *Berührung der Jahrhunderte* fühlen. Selbst die ältesten Kirchen der Stadt Brandenburg, Sankt Gotthard mit romanischem Turm, Sankt Peter und Paul aus dem Jahr 1165 oder die Klosterkirche Sankt Pauli, 1268 von Markgraf Otto IV. den Dominikanern gestiftet, sehen inmitten frischgepflasterter idyllischer Kirchplätze wie neu aus.

Eine der wenigen echten Ruinen steht noch in Freyen-
stein. 1556 ließ ein gewisser Curdt von Rohr sich in der
Prignitzstadt von einem italienischen Baumeister ein
Schloss im Stil der Renaissance erbauen, verarmte aber
bald darauf und verkaufte es während des Dreißigjährigen
Krieges an die Familie von Winterfeldt. Als der Krieg zu
Ende war, standen nur noch der Treppenturm und ein
Stück vom Nordwestflügel, so, wie sie heute zu besichtigen sind. Ein neues Schloss wurde dicht daneben gebaut,
das nacheinander als Ahnensitz der Winterfeldts, Hotel,
Schule, Nebenstelle des Obertrikotagenwerks Wittstock
und Gemeindebibliothek diente. In den 1970er Jahren
setzten die Bürger von Freyenstein sich gegen die DDR-
Behörden durch, die den Abriss der Ruine schon beschlos-
sen hatten. Die neogotischen Paläste des märkischen
Adels, die um die Mitte des neunzehnten Jahrhunderts
dank Hoffmanns Ringöfen zwischen märkische Seen ge-
klotzt wurden, sind dagegen pure Phantasiegebilde einer
geschichtssüchtigen Generation, die mit den preußischen
Legenden der ruhmreichen Schlachten von Fehrbellin,
Hohenfriedberg und Leipzig aufgewachsen war. Schloss
Reichenow am Langen See im englischen Tudor-Stil, jetzt
ein Hotel, oder die Gutsanlage der Familie von Pfuel in
Jahnsfelde bei Müncheberg mit Renaissancetreppentür-
men, neogotischem Stufengiebel und Sandsteinrelief sind
letzte Zeugen einer romantischen Vergangenheitssehn-
sucht, die von den Polyestergardinen hinter den Fenstern
und den verschämten Abgasrohren der Ölheizungen auf

den Dächern ins Reich der erledigten Träume verwiesen werden.

Wie würde es aber wohl in Deutschlands östlichen Provinzen zwanzig Jahre nach der Wiedervereinigung aussehen ohne all die Verrückten, Lebenskünstler, Architekten, Rechtsanwälte, Ärzte, die 1990 in Scharen ausgezogen waren, um halbverfallene Feldsteinscheunen, Dorfkonsums, Backsteinbahnhöfe, Kirchen, Schlösser und Kossätenhäuser zu symbolischen Preisen aufzukaufen, sie mit historischen Baustoffen herzurichten, Biogemüse anzubauen, Hofläden und Kunstvereine zu gründen? Und während der Anteil der ländlichen Freizeitbrandenburger beständig wächst, schrumpfen die Landstädtchen, werden Dörfer und Grundschulen zusammengelegt, Kindergärten und Dorfläden geschlossen, Bahntrassen und Buslinien stillgelegt. Innerhalb von zwanzig Jahren ist die Mark Brandenburg zurückgefallen zu einem agrar-industriellen Entwicklungsland.

Visionäre, Zugezogene und geistige Abenteurer waren es auch, die aus der feudalistisch geprägten Mark Brandenburg im neunzehnten Jahrhundert einen aufstrebenden preußischen Wirtschaftsstandort machten, wie Otto Lilienthal, der 1893 zwischen Rathenow und Dosse die ersten Segelflugversuche mit beweglichen Flügeln unternahm, oder David Schwarz, der zum ersten Mal in einem zigarrenförmigen Luftschiff aus Aluminiumblech in die Luft stieg, und Ferdinand von Zeppelin, einer der Zuschauer von Schwarzens Himmelfahrt, der nicht lange danach in Potsdam die erste Luftschiffhalle für die dann nach ihm benannten Ballone bauen ließ. 1909 zog der junge Maschinenbauer Hans Grade mit der ersten eigenen Motorenwerkstatt nach Borkheide im Fläming; mit seinem selbstgebauten Eindecker Libelle wurde im Jahr darauf, zur allgemeinen Verwunderung der Kundschaft, die Post zwischen Bork und Brück, zwanzig Kilometer Luftlinie, einige Wochen per Flugzeug ausgeliefert.

Andere Visionäre hießen Rudolf Weber, der 1912 das Stahlwerk in Brandenburg gründete, Johann Gottlieb Koppe, der 1827 die erste Zuckerfabrik im Oderbruch eröffnete, Willem van Sprousen, der den Gemüseanbau im Oderbruch ins Rollen brachte, oder Salomon Hertz, der 1823 mit der Gründung seiner Ölmühle die industrielle Revolution nach Wittenberge brachte.

Auf die hertzsche Ölmühle folgten Seifen- und chemische Fabrik, Ausbau des Elbhafens, Bahnanbindung nach Hamburg und schließlich ein heutzutage deutlich überdimensioniert anmutender Gründerzeit-Bahnhof. Mit der Niederlassung des amerikanischen Nähmaschinenherstellers Singer, für den Walter Gropius eine Arbeitersiedlung am Stadtrand projektierte, begann 1901 Wittenberges kapitalistische Zukunft und endete – nach dem relativ kurzen Umweg über das volkseigene DDR-Nachfolgekombinat Veritas – am 31. Januar 1992 mit der Liquidierung der ostdeutschen Nähmaschinenindustrie durch die Treuhandanstalt der Bundesregierung. Der Singer-Uhrturm, einst ein Wahrzeichen der Wittenberger

Moderne, zeigt heute an, was die Stunde für die Stadt an der Stepenitz-Mündung geschlagen hat. Mit Veritas verlor die Stadt Tausende Arbeitsplätze, die Bevölkerungszahl fiel binnen weniger Jahre auf den Stand von 1905 zurück. So kümmert sich auch niemand mehr um Villa und Kontor des Unternehmers Salomon Hertz, die, von wildem Wein überwuchert, den Augen der heute Lebenden entzogen sind.

Nach der gottgefälligen Gründung einer Linsenschleiferei durch den Rathenower Stadtprediger Johann Heinrich August Duncker im Pfarrhaus am Kirchplatz war auch dem Landstädtchen im Havelland Anfang des neunzehnten Jahrhunderts eine wohlhabende Zukunft bereitet. 1851 hatte Duncker & Söhne schon 130 Mitarbeiter; vor dem Zweiten Weltkrieg arbeiteten bereits zweihundert optische Werkstätten in Rathenow. Als DDR-Brillenmonopolist war die Rathenower optische Industrie ein Betriebsteil des VEB Carl Zeiss Jena und einer der ersten Standorte, die 1991 zerschlagen wurden. Über viertausend Menschen verloren ihre Arbeitsplätze.

Nicht besser ging es Wittstock an der Dosse, wo mit der Schließung des Volkseigenen Trikotagenwerks 2500 Textilarbeiter arbeits- und zukunftslos wurden; seine Saga wurde durch den Dokumentarfilmer Volker Koepp weltberühmt. Wittenberge, Wittstock und Rathenow sind heute anämische Städte mit hoher Arbeitslosigkeit, auffälliger rechtsradikaler Szene und einer Abwanderungsquote von dreißig Prozent. Werkssiedlungen und Stadtteile verfallen, historische Innenstädte werden aufwendig saniert. Zweihundert Jahre Industrialisierung wandern ins Museum. Das Herzstück von Rudolf Webers Lebenswerk, der Siemens-Martin-Ofen im Industriemuseum Brandenburg, stählerne Gotik des zwanzigsten Jahrhunderts, oder Carl Gottlob Wilkes Hutfabrik in Guben, Glas- und Keramikfabriken, Ziegel- und Baustoffindustrie, optische und Textilbetriebe – 28 regionale Technikmuseen erzählen eine andere, längst versunkene Geschichte der alten Mark Brandenburg; ihre Helden waren Handwerker, Tüftler, Ingenieure, Unternehmer und Arbeiter.

Während Kirchen, Klöster und Kultur mittlerweile für mehr als alle reichen und mittelalterliche Stadtkerne dank europäischer Fördermittel in neuem Glanz auferstehen aus Ruinen, wuchsen neue Ruinen aus dem kalkulierten Ruin der DDR-Wirtschaft. Die Summe der ostdeutschen Ruinen scheint also alles in allem konstant zu bleiben.

WIE DER »ROTE ADLER«
NACH BRANDENBURG KAM

Seit fast fünfhundert Jahren schläft das Dörfchen Chorin in der Schorfheide im Schatten der mächtigen Klosteranlage des Zisterzienserordens, einer der erhabensten Ruinen Deutschlands. Eine rotbraune Feldmaus huscht geschäftig zwischen den Gräbern des Dorffriedhofs, hinein bei Max Borras, königlichem Hegemeister, gestorben 1905, und wieder hinaus bei Alfred Barnekow, Gastwirt der neuen Klosterschänke, gestorben 1947, und zack, rein zu Frau Revierförsterin Amenda Zorn und noch schnell vorbeigeschaut bei Frau Oberbaurätin Rosenthal, die auf ihren Gedenkstein den Spruch meißeln ließ: *Die Schönheit ist der Schöpfung liebstes Kind.*

1258 übergab der brandenburgische Markgraf Johann I., Enkel Albrechts des Bären, auf einer Halbinsel im Parsteiner See das Kloster Mariensee an die Zisterzienserbrüder. Der Zungenbrecher kommt von Citeaux, einer Stadt in Frankreich, wo Robert de Molesme als 76-jähriger Greis aus dem Benediktinerorden ausschied, um eine neue Laienbruderschaft zu gründen, Familia cisterciensis. Zinna (1171), Lehnin (1180) und Mariensee waren die letzten Gründungen des Ordens im Ostland. Schon zwölf Jahre später zog das Kloster zwölf Kilometer weiter, an den Choriner See. Das Wasser des Sees leiteten die

Brüder über ein kompliziertes Mühlenwerk, das als eines der modernsten des späten Mittelalters galt. Wer hatte es gebaut? Als der Wasserspiegel immer mehr sank, gruben die Mönche einen Durchstich zum Weißen See, der infolge des Wassermangels vermoorte.

Die Legende berichtet, im Kloster Mariensee habe einst ein frommer Mönch gelebt, Bruder Benedikt, der las oft im Psalter und meditierte über seinen Lieblingsvers: *Tausend Jahre in deinem Angesicht sind aber wie der gestrige Tag.* Eines Morgens hörte Benedikt kurz nach der Mette um drei Uhr, die Sonne war noch nicht aufgegangen, einen Vogel herrlich singen. Als er vor die Klostertore trat, sah er den göttlichen Sänger am Ufer der kleinen Insel auf einem Baum. Er machte seinen Kahn los, ruderte hinüber und lauschte lange dem Gesang des Vogels. Nach einer Weile schrak er auf und meinte, es müsse doch bald zur Prim läuten. Er ruderte zurück; als er aber das Kloster erreicht hatte, war es eine Ruine, von Bäumen und Wildwuchs überwuchert. Am Ufer hockte ein alter Einsiedler, den fragte der Mönch, was das alles zu bedeuten habe. Seine Brüder seien doch schon vor über dreihundert Jahren nach Chorin umgezogen, antwortete ihm der Einsiedler. Und wie der verwunderte Mönch zurück auf den See sah und in den Fischerkähnen Männer in fremdartigen Kleidern, verstand er: Er hatte dreihundert Jahre in seinem Boot gesessen und dem Vogel zugehört.

Nachdem die Reformation die Mönche aus Brandenburg vertrieben hatte, diente der himmelstrebende Bau-

körper als Steinbruch für die umliegenden Dörfer, ausge-
weidet zum Skelett der Zeit, ein Monument der Stille, in
dem nun jeden Sommer große Werke der Musikgeschichte
erklingen. Bei der denkmalpflegerischen Sanierung fand
man unter den Grundmauern die verkohlten Reste einer
slawischen Dorfanlage.

Acht Jahre nach der Klostergründung wurde Markgraf
Johann I. in Mariensee zu Grabe getragen. Zusammen mit
seinem Bruder Otto III. hatte er sich als Städtegründer der
Marken im ottonischen Reich Ruhm erworben. Alt-Lands-
berg, Angermünde, Beelitz, Belzig, Bernau, Biesenthal,
Eberswalde, Frankfurt an der Oder (1253), Fürstenwalde,
Löwenberg, Müllrose, Nauen, Neuruppin, Strausberg, Teltow, Templin, Wriezen und Spandau erhielten während
ihrer Regierungszeit Stadtrecht. Neuer Landesherr wurde
sein Sohn Otto IV., der den spöttischen Beinamen »mit
dem Pfeile trug«, weil er sich im Krieg gegen den Magdeburger Erzbischof, erst zweiundzwanzig Jahre alt, gefan-
gen nehmen ließ und gegen viertausend Silbermünzen
umständlich freigekauft werden musste. Auch in seiner
zweiten Schlacht hatte Otto nicht viel mehr Glück; ein
Pfeil blieb in seinem Kopf stecken und wurde, will man
der Legende glauben, erst nach einem Jahr entfernt.

Geboren 1238 in Brandenburg, ernannte Otto IV. 1283
seinen Bruder Erich zum Erzbischof von Magdeburg, um
die politischen Fehden mit dem Erzbistum ein für alle Mal
zu beenden. 1297 erließ er das erste Gesetz, das die Rechte
einwandernder Juden in Brandenburg regelte, und machte

sich damit wenig Freunde. Längst war die katholische Kirche zu einer zweiten Macht in der Mark geworden. Die Wahl der Zisterzienserklöster Mariensee/Chorin und Lehnin als Grablege der askanischen Grafen setzte insofern ein deutliches Zeichen seiner antipapistischen Politik.

Anders als das Erzbistum Magdeburg, das im Namen seines Gründers Norbert von Gennep und dessen Prämonstratenserordens seit hundert Jahren einen erbarmungslosen Vernichtungskrieg der christlichen Kreuzritterheere gegen die heidnischen »Wenden« führte, beließ es Markgraf Otto bei der Sicherung der Außengrenzen. Doch für Friedenszeichen war es zu spät. Ende des dreizehnten Jahrhunderts war die slawische Führungsschicht der eroberten Marken in der deutschen Feudalität aufgegangen, ihre heiligen Stätten waren zerstört, ihre Sprache, das Polabische, war vergessen. Slawische Namen wurden germanisiert und verloren sich mit der Zeit. Die Erinnerung an die einstigen Stammesverbände der Lutizen und Wilzen, an Rhedarier, Lusizen, Pomoranen verschwand aus der ostelbischen Landschaft. Es verschwanden Rusalken und Vilen aus Flüssen und Sümpfen; vom Himmel verschwanden Swarog, Swarozic, Perun, Swantevit und Veles. Aus lichten Vollmondnächten verschwand Triglaw, aus Eichenwäldern und Sturmnächten Cernobog. Verlassen von Stribog, Mokos, Chors, Simargl, Trojan, Rod und Pereplut blieben Trinkhörner, Totenhügel und Spinnräder in den Burgwällen zurück. Und es verschwand Dazbog, der Sonnengott und Spender alles Guten, andernorts auch bekannt unter dem Namen Belbog (von indogerma-nisch *bhel*, weiß), göttlicher Bruder des nordgermanischen Baldur und des keltischen Belenus, und nahm seine an-mutigen Töchter mit, die Frühlingssonnengöttin Jarylo und Kupalo, Herrscherin des von Liebe erhitzten Blutes, die alljährlich zur Johannisnacht auf den wendischen Dorfangern umtanzt worden waren.

Die Geister der letzten Indianer von Brandenburg zo-gen sich in die Namen der Dörfer zurück, in denen sie 750 Jahre verehrt worden waren, Jutrbog/Jüterbog und Beeskow (nach Buttmanns Erklärung deutscher Orts-namen von Bes – Flieder oder Holunderbeeren), Dobrlug/ Doberlug und Beelitz, Ragösen (Rogosene – wo das Schilf wächst) und Zossen (Sosno – Kiefer).

Meine Führerin, die kleine Botin des Styx, saust quer über den Kiesweg zur Westseite der Klosterkirche, deren leuch-tend rotes Backsteinmauerwerk sich zu unbegreiflicher Höhe in den Himmel schiebt, und verschwindet zwischen Gras und Mörtelritzen. Otto IV., der letzte in Chorin bei-gesetzte askanische Markgraf, war nicht nur ein kluger und friedfertiger Herrscher, der sein Land durch dynas-tische Politik vergrößerte und Kriege mehr aus alter Ge-wohnheit denn aus Neigung führte, sondern auch mit-telhochdeutscher Dichter und Liebhaber alles Schönen. Bei seinem Tod 1309 erstreckte sich die Markgrafschaft Brandenburg von Danzig im Norden, Meißen im Süden, Gardelegen im Westen bis Landsberg im Osten. Sein Ansehen im Heiligen Römischen Reich war so groß, dass die Mark Brandenburg in den Kreis der sieben Königswähler aufgenommen, also Kurmark wurde.

So regierte Otto weise und maßvoll 34 Jahre lang die Mark Brandenburg, spielte Laute, liebte das Schachspiel und war ein Bewunderer des mittelhochdeutschen Dichters und fahrenden Sängers Walther, genannt von der Vogelweide. Sieben von Ottos eigenen Minneliedern sind in der *Manesseschen Handschrift* erhalten geblieben. Das Buch ziert eine Abbildung von der Hand eines Konstanzer Buchkünstlers des vierzehnten Jahrhunderts. Sie zeigt den brandenburgischen Markgrafen beim Schachspiel mit seiner jungen Gemahlin. Über ihnen prangt ein Adler mit ausgebreiteten Schwingen, den der Illustrator, vermutlich aus rein ästhetischen Gründen, statt in askanischem Schwarz in leuchtendem Rot malte, weil er so besser zu den roten Gewändern des lieblichen Grafenpaares passte. So kam der rote Adler nach Brandenburg: auf den Flügeln der Poesie.

Einen roten Adler führten seit 1370 aber nun auch die Grafen von Tirol in ihrem Hauswappen. Verwunderlich ist zudem, dass die deutschsprachigen Südtiroler Walther von der Vogelweide, dessen Herkunft ungewiss ist, zum Landessohn erklärt und ihm in Bozen auf dem Marktplatz ein Denkmal errichtet haben. Doch noch besteht Hoffnung für die Märker, dass Otto und Walther vielleicht doch mehr verbunden haben könnte als Pegasus' Schwingen. In einem seiner Lieder sinnt Walther, ob er nicht im Zisterzienserkloster von Toberluh, also Dober-lug-Kirchhain in der märkischen Lausitz, Zuflucht vor dem strengen Winter nehmen solle. War er ein Märker aus askanischer Zeit?

1320 verschwanden die askanischen Grafen für immer aus der Geschichte Brandenburgs. Fünf Jahre später ver-wüstete ein Heer aus Polen und Litauern die Marken. Was danach noch lebte, raffte die Pest hinweg. Im Mai 1347 zog sie in Paris ein. Von 150 000 Einwohnern starb ein Drittel. Im Winter 1349 nahm sie Basel, Konstanz am Bodensee, Gotha, Meißen, Dresden ein, in Erfurt starben zwölftau-send Menschen. Im Jahr darauf erreichte die Seuche die Oder, fuhr auf Frachtschiffen die Elbe hinauf nach Stettin, Elbing, Frauenburg, Oliva. Kam durch Pomerellen und Masuren und fraß sich bis Warschau und Moskau. Kurze Zeit regierte Otto der Faule aus der Familie Wittelsbach die Mark. Seinem Beinamen machte der Bayer alle Ehre, als er sie 1373 gegen eine halbe Million Goldgulden an Kaiser Karl IV. verkaufte, vermutlich weil er zu faul zum Regieren war. In dem herrenlosen Land breiteten sich An-archie und Raubrittertum aus. Eiligst gab der Kaiser das Gebiet, das nichts mehr wert war, weiter an den Höchstbie-tenden, einen Grafen von Luxemburg, dessen Nachfolger die besonders entwohnte und wüste Neumark an den Deutschen Orden verscherbelte.

Ottos roter Adler aber blieb dem Land erhalten, selbst als 1412 der Nürnberger Burggraf Friedrich VI. aus dem fränkischen Geschlecht der Hohenzollern in Brandenburg

Einzug hielt und seit 1415 als Kurfürst Friedrich I. eine ununterbrochene Reihe von Markgrafen, Kurfürsten und Königen seines Stammhauses bis ins zwanzigste Jahrhundert hinein anführte. Zum Glück für die Brandenburger, muss man wohl sagen, ist doch das Wappentier der fränkischen Grafen eine gewöhnliche Bracke, nämlich ein Jagdhund mit Schlappohren.

Nun begab es sich aber bei einem Wandervogel-Treffen in der Jugendherberge Wolfslake bei Vehlefanz, heute Kreis Oberhavel, dass ein gewisser Gustav Büchsenschütz, Sohn eines preußischen Gendarmen, 1923 von den Schwingen seiner patriotischen Muse gestreift wurde.

Märkische Heide, märkischer Sand
sind des Märkers Freude,
sind sein Heimatland.
Steige hoch, du roter Adler,
hoch über Sumpf und Sand,
hoch über dunkle Kiefernwälder,
Heil dir, mein Brandenburger Land

Seit zwanzig Jahren schmettert der *Rote Adler* nun wieder im Stechschritt des preußischen Militarismus mit Pauken und Trompeten durch Regionalbahnen, Festzelte und Autoradios der Märker: Pulverdampf statt Minnesang. Den Südtirolern, die schon Walther für sich allein haben wollten, gefiel die brandenburgische Landeshymne damals so gut, dass sie nur die *märkische Heide* gegen *riesige Berge*, den *Sand* gegen *Felsenwand* und unsere *dunklen Kiefernwälder* gegen *firnenweiße Berge* austauschten und sie ihrerseits zur Landeshymne erklärten. Vielleicht sollten wir großzügig sein und sie ihnen schenken.

Achthundert Jahre Feudalismus, Lehnsverfassung, Hand-
und Spanndienste, Rossdienst, Heeresfolge und Hufen-
steuer sind nicht spurlos über die kleinen Leute der Mark
Brandenburg hinweggezogen. Das bessere Leben, es blieb
Traum, wie in der alten Geschichte vom kleinen Hans, der
seinen Eltern fortlief, weil er so hungrig war, und durch
ein Nistloch in einen Baum hineingezogen wurde. Darin
war aber ein Teich, in dem gebratene Fische schwammen,
und über dem Teich ein Butterberg, von dem geschmolze-
ne Butter golden troff, woran er sich satt aß, bis er nicht
mehr aus dem Löchlein herauskonnte. Da ging Hänschen
nach Hause, holte sich eine Barte (Axt) und schlug sich
den Weg aus dem Baum frei. Auf dem Rückweg erlegte er
noch einige Dutzend Tauben, verlor aber dabei die Axt.

In den Lügengeschichten des märkischen Eulenspiegels Hans Clauert, dessen Abenteuer von dem Trebbiner
Stadtschreiber Bartholomäus Krüger 1587 aufgeschrieben
wurden, ist die Welt ein Narrenhaus, in dem nur zurecht-
kommt, wer andere zum Narren hält. Und so nahm der
kleine Hans, weil er keinen Becher zum Trinken hatte, zu
guter Letzt seinen Schädel, schöpfte mit der einen Hälfte
aus einer Quelle und schlief satt und zufrieden ein. Als er
aber aufwachte und weiterzog, vergaß er, seine Hirnschale

mitzunehmen, lief zurück und fand sie gefüllt mit sieben Enteneiern. Die schob er wohlgemut einer Henne unter, die flugs ein Pferd ausbrütete, das war sieben Meilen lang und trug ihn in die nächste Stadt, wo gerade Jahrmarkt war. Da vermietete der kluge Narr sein Riesenpferd und wurde ein reicher Mann. Sobald aber ein Adliger aufsaß, drehte sich das Wunderpferd wie der Teufel im Kreis und warf den Reiter ab.

Noch vor einem Menschenalter beherrschten Armut und Entbehrung den Alltag der Spinnerinnen, Dreschgärtner, Mägde und Tagelöhner. Meine märkische Oma musste als Kind in ihren Holzpantinen jeden Morgen acht Kilometer zur Schule laufen.

Großvater wurde neunzig Jahre alt, und mir ist, als hätte ihn nicht das Alter, sondern der Hunger gefällt. Als der zweite große Krieg der deutschen Übermenschen endlich zu Ende war, lag Großvater ausgehungert und entkräftet zu Bett und navigierte sich, wie früher durch sein arbeitsreiches Leben, mit der Uhr und dem Kalender auf seine Sterbezeit zu. Der das schrieb, hieß Erwin Strittmatter und war ein märkischer Erzähler im deutschen Arbeiter- und Bauernstaat. Das Niederlausitzer Heidemuseum Spremberg bewahrt Strittmatters Leben und Bücher liebevoll auf, in denen er seinem grantelnden Großvater als *Ole Bienkopp*, als Stimme der Erinnerung im *Schulzenhofer Kramkalender* und als Esau Matt in der Romantrilogie *Der Laden* ein nachsichtiges Denkmal gesetzt hat. Wie Theodor Fontane der Chronist der Mark Brandenburg wurde, als sie noch die preußische Streusandbüchse im Mittelpunkt einer aufstrebenden europäischen Macht war, hat sich Erwin Strittmatter als Chronist der bäuerlichen Kleine-Leute-DDR in die Herzen seiner Leser geschrieben.

Lag dem Neuruppiner Halbfranzosen vor allem die Frage am Herzen, wer denn nun Herr im märkischen Hause sei, der König in Sanssouci oder nicht vielmehr der alte Landadel, die gewitzten Pastoren und Dorfschulmeister, die kunstsinnigen Baronessen und Salonièren, Leute also wie die Fontanes und Briests und Arnims und Ziethens, so hatte sich für den Kommunisten Strittmatter die Antwort ein für alle Mal erledigt. 1945 verschwanden Leibeigenschaft und Zehntsystem, aber Untertanen blieben sie doch, die Märker, und arm sowieso. Knieperkohl und Grützwurst, Sauerkraut (das in vielen Dörfern auch jetzt noch selbst getreten wird), Blutwurst und Pellkartoffeln, Mehlsuppe mit Bratkartoffeln, Leberwurstschrippen und Weißkäse mit Leinöl waren das Ambrosia der Not, das auch die Diktatur des Proletariats nicht in gebratene Tauben und Honigbier verwandelte.

Ein später Nachfahr des charismatischen Narren und Eulenspiegels tauchte im zwanzigsten Jahrhundert in der Altmark auf, Gustaf Nagel, die Frohnatur aus Stendal, die in sich den Weltretter und Naturmenschen entdeckte, als Vater Nagel, Schankwirt und Kolonialwarenhändler, das engelhafte Lockenhaar des Jünglings mit Schere und Barbiermesser traktieren wollte. Fortan warf er unnötige Kleidungsstücke von sich, lebte in einer Erdhöhle asketisch wie ein Yogi, folgte aber statt Buddha Christus nach, durchwanderte 1899 barfüßig die preußische Hauptstadt, verursachte Verkehrsunfälle und lebte vom Verkauf seines langlockigen Abbilds auf Postkarten. Und während die Wandervogel-Jugend dem *Roten Adler* hinterhermarschierte, latschte Justaf, Jesu folgend, hinter seinem Eselskarren her, an seiner Seite Hund und Lamm. 1905 ließ er sich am Arendsee nieder, eröffnete mit seiner Frau Meta Letizia ein Sommerbad und wurde Unternehmer, Schankwirt, Prophet und Steuerbürger in einer Person, Querfeldeindichter und lebendes Gegenbild zu preußischer Biederkeit. Als Vorsitzender der von ihm gegründeten *deutsch-kristlichen folkspartei* schaffte der militante Kleinschreiber es zwar nicht in den Reichstag, wurde aber von demselben 1936 dafür mit Redeverbot belegt und zum Volksschädling erklärt. Der Euthanasie entging er nur, weil er sich widerstandslos ins KZ Dachau sperren ließ. Erst die DDR-Bürokraten steckten den fast achtzigjährigen Weltverbesserer doch noch in die psychiatrische Anstalt Uchtspringe, wo er 1952 starb.

Wie aus dem Lausitzort Bohsdorf in Strittmatters Romanen Blossdom, so wurde aus dem uckermärkischen Dörfchen Biesenbrow in den Romanen von Ehm Welk das uckermärkische Kummerow zwischen Schwedt und Angermünde. Auch die *Heiden von Kummerow* können sich aus Notlagen nur mit Witz, Phantasie und Dickköpfigkeit heraushelfen. Biesenbrow im Welsebruch, wo Ehm Welk 1884 geboren wurde, gehörte bis 1945 zu Vorpommern.

Lehrer, Pastoren, Pächter, Dorfschulzen und Landarbeiter sind die Helden seiner Bücher, aus denen die Abendsonne des Feudalismus noch weit ins zwanzigste Jahrhundert hineinscheint. Alles, was in der kleinen Dorf- und großen Weltgeschichte vorfiel, wurde ausführlich in den Sonntagspredigten besprochen, bei denen Ackermann und Adel einträchtig lauschten, die einen von unten, die anderen droben von ihrer Empore. Bei der Pensionierung des letzten Pfarrers von Kummerow, des allseits beliebten Pastors Lämmchen, ließen die Fürstin Lynar und die Gräfin von Redern 1938 sogar Dankesgrüße der Herrschaft ausrichten. Und dabei ist es mehr oder weniger geblieben. Nach der Wiedervereinigung entdeckten die Ostdeutschen ihre alte Verbundenheit mit der einstigen Herrschaft, dem märkischen Adel, nachdem die von Arnim auf Boitzenburg, von der Marwitz auf Groß Rietz, Finck von Finckenstein auf Madlitz und all die anderen Grafen und Freiherren, deren Bekanntschaft wir bei Fontane machen dürfen, zurück in das Land ihrer Väter und Mütter kamen. Zu ihnen gehört die aus Italien stammende Adelsfamilie Guerrini zu Lynar, die 1621 die Herrschaft Lübbenau im Spreewald durch Kauf erworben hatte. Als Unternehmer in der ökologischen Landwirtschaft und Gastronomie sind Beatrix zu Lynar und ihre Söhne die Ersten gewesen, die nach vierzig Jahren Sozialismus Kultur und Kirche, Regional- und Hochkultur, »Poesie und Leberwurst«, wie eine von Lynarsche Veranstaltungsreihe in dem wiedererweckten Tagebaudorf Dubrau heißt, einander nun wieder näherbringen wollen.

Obwohl Kultur weiß Gott das Letzte ist, was Brandenburg fehlt. Zwar hat es die Mark nie zu einer Künstlerkolonie à la Worpswede gebracht, auch wenn sich der Kunsthof Bahnitz gern als Worpswede des Havellands bezeichnet. Doch gibt es vielerorts private Hofgalerien, Künstlerhöfe und Kunstfestivals, die überregionales Publikum anziehen. Kunstpfade schlagen sich durch Mais- und Kartoffelfelder, mehr als fünfhundert offene Ateliers laden alljährlich im Frühling zu Werkstattbesuchen ein. Traditionen der vorletzten Jahrhundertwende lebten wieder auf, als Berliner Maler italienische Szenerien gegen die märkischen Seen und Wälder eintauschten. Um 1880 ließen sich Karl Hagemeister, Carl Schuch und Siegwart Sprotte in Ferch am Schwielochsee nieder, wo nun ein privates Museum an sie erinnert.

Seit mehr als zehn Jahren ist es der Potsdamer Verein Kulturland Brandenburg, der Sponsoren-Hennen sucht, die Riesenpferde ausbrüten. In dem Prignitzdorf Klein Leppin wird Große Oper gespielt. Wo gibt es das sonst, ein Opernhaus im *Flachland der Gefühle*, wie Peter Ensikat Brandenburg einmal nannte, zwischen Wilsnack und Havelberg, das *Orpheus und Eurydike* im Stroh spielt und nur zu Fuß oder mit dem Rad vom Bahnhof Glöwen aus zu erreichen ist. Clowns und Feuerschlucker, Keramiker und Puppenspieler, über zwanzig freie Theatergruppen und dazu feste Spielstätten in Netzeband, Niedergörsdorf, Zollbrücke, Niemegk. Der Choriner Musiksommer, die hochkarätig besetzten Konzerte des Vereins Dorfkirchensommer, ländliche Blasorchester- und Chortreffen und die international bekannten Havelländischen Musikfestspiele ziehen große Namen der Musikszene ins Land.

Nur in den höheren Regionen der Kunst, in der frischen Luft der Phantasie wachsen die märkischen Bäume noch in den Himmel, nach dem Motto: Rettet die Phantasie, wenn schon die Welt nicht zu retten ist. Das sagte sich eines Tages auch der Installationskünstler Reinhard Zabka und fing an, in dem Dörfchen Gantikow bei Kyritz in der Ostprignitz überflüssige Dinge, Träume und Geschichten zu sammeln. Den Grundstock lieferte die Insolvenzmasse einer DDR-Lampenschirmfabrik. Zabka kaufte sie auf und verlieh den Drahtgerippen neues Leben als luftige Geschöpfe der Phantasie. Er sammelte, baute, malte, schweißte aus Metall, Glas, Holz, Textilien, Licht, Geräuschen, Glanz und Glitter, Spiegeln, aus verkitschten Reiseandenken und abgelegten Ideologie-Ikonen ein einzigartiges Gesamtkunstwerk, einen begehbaren Schelmenroman des zwanzigsten Jahrhunderts: das Lügenmuseum von Gantikow, das einzige und letzte Antikunstmuseum der verblichenen DaDaEr. Denn für Reinhard Zabka alias Richard Gigantikow ist Kunst *die Lüge im Dienst der Wahrheit*, die *den Staub von den Sternen wäscht*. Fontanes Wanderschuhe neben van Goghs Ohr, sozialistische Fahnen neben fernöstlichen Inseln der Glückseligkeit und im Garten ein kreisrunder Zentralfriedhof für die Investruinen der deutschen Wiedervereinigung. Seite an Seite in ihren Gräbern die Chipfabrik Frankfurt an der Oder,

der Eurospeedway Lausitz, die Werfthalle der insolventen Cargolifter AG im märkischen Sand bei Lübben mitsamt den vierzig Millionen Mark, die die Landesregierung in das Projekt CL 75 Aircranes gepumpt hatte, und Luftschiff Charly, das Brandenburgs Start in ein neues Luftfahrtzeitalter einleiten sollte, aber nie wieder gesehen wurde. Und zwischen den Gräbern Zabkas Hühner und der einzige sprechende Hahn der Mark Brandenburg, der heiser in den wolkenlosen Himmel krähte. Nach zwanzig Jahren setzte der Verein offene Häuser e.V., eine Einrichtung der Bundeskulturstiftung, Zabka und seine Sammlung vor die Tür, weil kein Geld mehr da war. Brandenburg hat nun wieder eine Zukunft weniger und eine Ruine mehr.

Jetzt muss ich aber unbedingt noch zum Stechlin, dem berühmtesten See weit und breit. Der erste Anlauf, an einem wolkendurchmischten Sommertag, endet mitten im Wald auf einer einsamen Waldstraße. Noch Uckermark? Schon Mecklenburg? Keine Ahnung. Auf einmal fängt der Motor zu qualmen und zu stinken an, die Temperaturlampe, die noch nie geleuchtet hat, blinkt knallrot. Irgendwas brummt entsetzlich laut unter der Motorhaube. Die Kühlung bemüht sich mit voller Kraft, das Kontrolllämpchen zum Erlöschen zu bringen. Ich reiße Tasche und Jacke vom Beifahrersitz und flüchte aus dem Auto, telefoniere mit dem ADAC-Pannendienst, kann aber nicht sagen, wo ich bin. Mitten im Wald eben, zwischen Görlsdorf und Wolletz oder so. Mir bleibt nichts übrig, als zu warten, bis man mich hier findet. Es ist still wie in einer Kirche. Sonnenflecken wandern über Farn und Brennnessel. Eine Stunde sitz ich jetzt schon hier. Alle zehn Minuten fährt ein japanischer Kleinwagen oder eine deutsche Limousine an mir vorbei. Über den hohen Buchen- und Eichenkronen verdüstert sich der Himmel. Der Paketdienst kommt schon zum zweiten Mal, dann die Biberbahn, ein altmodischer, kleiner brauner Bus mit kleinen Fensterchen. Blasse, alte Gesichter gucken raus,

wahrscheinlich Bewohner der Reha-Klinik am Wolletz-
see, wo Stasi-Chef Mielke in einem Jagdschloss, 1826 für
den Generalmajor Ludwig von Rohr erbaut, als Feudal-
herr mit proletarischen Vorlieben residierte. In einem als
Garage getarnten Schuppen bunkerte der Spitzelgeneral
Hunderte Flaschen Rosenthaler Kadarka, ein beliebter
süßlicher Rotwein in der DDR, aber nicht, um ihn selber
zu trinken, sondern um die Wildschweine vor den berüch-
tigten Treibjadgen für hohe Staatsgäste mit weingetränk-
tem Mais so betrunken zu machen, dass Jäger und Gejagte
etwa denselben Blutalkoholspiegel aufwiesen.

Der Taxifahrer, der mich nach Stunden zur nächsten
Mietwagenstation fährt, erteilt mir eine Gratislektion
Uckermark, während er den Wagen mit einem Finger über
holprige Sandpisten steuert. Achthundert Seen auf einem
Gebiet von der Größe des Saarlands; der Buchenwald von
Grimnitz, der größte zusammenhängende Altwald in Europa, sechshundert Hektar, Weltnaturerbe der UNESCO –
aber ein mitteleuropäischer Strommonopolist darf für
die Starkstromleitung nach Polen ungestraft Tausende
Bäume im Naturschutzgebiet fällen. Mein Kutscher redet
sich in Rage. Ich halte mich am Türgriff fest und stemme
die Füße gegen das Chassis. Am lautesten schimpft er auf
die niederländischen und dänischen Agrarunternehmer,
die mit ihren Schweine- und Rinderzuchtanlagen die
Uckermark als Renditeparadies entdeckt haben.

Die Kreise Templin und Prenzlau grenzen östlich an
den Nationalpark Unteres Odertal; per Volksabstimmung

schlossen sie sich erst 1991 dem Bundesland Brandenburg an. Im neunzehnten Jahrhundert bestimmten Köhlerhütten, Glashütten, Zuckerfabriken und Tabakscheunen die Dörfer zwischen Randow, Welse und Oder. So ernährte der Wald viele Menschen; dem Brennstoffhunger der Hauptstadt fielen riesige Waldflächen zum Opfer. Verrostete Loren und Schienen sind die letzten Zeugen jener einst florierenden ländlichen Kleinindustrie.

Kommt man von Norden über Woldegk, wo das Herzogtum Mecklenburg-Strelitz, Heimat der Königin Luise, an die Mark Brandenburg stieß, behauptet ein Schild am Ortseingang von Wolfshagen: *Willkommen in der Uckermark. Jetzt wird's schön!* Auf einer Verkehrsinsel ragt ein Obelisk in den makellosen Himmel, den Johann Christoph Hermann Graf Schwerin in *unterthänigster Ehrerbietung* seinem Landesherrn Friedrich Wilhelm III. spendierte, umdonnert von Fernlastzügen und den Trucks einer Wolfshagener Getränkelogistikfirma. Anlässlich der Einweihung der Königssäule wurden 1834 die zu seiner Gutsherrschaft gehörenden Dörfer und Vorwerke nach preußischen Helden der Befreiungskriege umbenannt: Scharnhorst, Blücherssieg, Schillsversteck. Nach der Wiedervereinigung erwarb der pensionierte Polizeipräsident von Potsdam, ein Urenkel des Grafen, die 1945 enteigneten Familiengüter, ließ das Gutshausensemble in Blücherssieg mustergültig wiederherrichten und rettete so ein eindrucksvolles Beispiel uckermärkischer Neogotik und preußischer Loyalität. Das klassizistische Pendant kann man übrigens in

Neuhardenberg am Rand des Oderbruchs besichtigen. Der König schenkte es seinem Kanzler Friedrich von Hardenberg für treue Dienste, der Architekt Karl Friedrich Schinkel baute Dorf und Schloss Quilitz zu einem einzigartigen Ensemble aus Park, Grabkirche und Schlossanlage um, heute ein kulturelles Zentrum der östlichen Mark.

Zum Stechlin gelangt man von Berlin aus am besten über Gransee, Ausgangspunkt jeder Reise durch die nördlichen Seenlandschaften zwischen Prignitz und Uckermark, ein stilles Städtchen im Habit des neunzehnten Jahrhunderts mit mittelalterlichen Toren und Wiekhäusern, Kirchen und schnurgeraden Häuserkarrees. Hier ist Luisenland. Die bedeutendste Sehenswürdigkeit von Gransee ist das Denkmal für eine gekrönte Leiche, denn auf dem Rückweg von Hohenzieritz, dem Landsitz ihres Vaters, wo die vielgeliebte Königin Luise am 19. Juli 1810 starb, wurde die Gemahlin Friedrich Wilhelms III. hier für eine Nacht aufgebahrt. Hinter Löwenberg übernehmen Sonnenblumenfelder das Regiment, links ein Abzweig nach Meseberg, einst Lustschloss des Prinzen Heinrich, jetzt Gästehaus der Bundesregierung. Zwischen Sauerampferwiesen und dösenden Rindern laden an den Straßenlaternen Plakate zu einem Konzert mit DDR-Schlagerstar Frank Schöbel im Schlosspark Oranienburg ein, andere kündigen den fünfzig Jahre alten DDR-Filmhit *Heißer Sommer* an.

Rheinsberg zieht sich in gemütlicher Unübersichtlichkeit als niedrige Häuserreihe um Schloss, See und

Park, eine Stadt im sanften Griff der Geschichte. Stilecht rumpeln Pferdekutschen über das Kopfsteinpflaster. Die edle Symmetrie der Säulen, Treppen und Kolonnaden des prinzlichen Palais am See und das strahlende Weiß seiner Fassaden bilden mit der dörflichen Bescheidenheit des Ortes die herrlichsten Kontraste. Unter den drei preußischsten Städten der Mark Brandenburg ist Rheinsberg am See, *wo die Künste gedeihen*, die anmutigste. Sie wurde Friedrichs des Großen vierzehn Jahre jüngerem Bruder Heinrich als Sommerresidenz überlassen, der 1757 den Oberbefehl über die preußischen Truppen innehatte, sich jedoch schon fünf Jahre später für immer aus dem Kriegsgeschäft zurückzog, nicht aber aus dem staatsmännischen. Er gründete ein französisches Theater, inszenierte Opern, verfasste politische Denkschriften, spann diplomatische Netze, überlebte zwei preußische Könige und starb 1802, nachdem er sich selbst eine Pyramide und den von Bruder Friedrich zeitlebens geschmähten Offizieren des Siebenjährigen Krieges einen rühmenden Obelisken in seinem Park errichten ließ.

Kurt Tucholskys Novelle *Rheinsberg – ein Bilderbuch für Verliebte* machte 1912 die Stadt quasi über Nacht wieder weltberühmt. 1922 schrieb er im *Vorwärts: Wolken siehst du, weiße, wattige Sonnenwolken, kurzes Gras und immer wieder diese unendlich schöne, stille, geschwungene Uferlinie des Sees. Und Rheinsberg... du mußt, wenn du das Bild siehst, weiter denken, an den lauen Sommerwind, an ein Rascheln, es ist reichlich warm, das Sonnenlicht zwinkerte durch alte Bäume – aber ferne, auf den Hügeln, lag es ausgegossen – und neben dir stand die, die du nie vergessen wirst. So lassen dich diese Bilder schwer atmen: Heraus aus der Stadt! Heraus! – Du beginnst, die innere Schönheit einer jungen Birke zu verstehen, eines Schattens, du wirst eins mit der Natur und weißt plötzlich, was das ist: Frühling!*

Das Leben der echten Claire, die hier angesprochen ist, Tucholskys Frau Else Weil, endete am 11. September 1942 in Auschwitz. Das Tucholsky-Museum und ein Schloss-schreiberstipendium für Schriftsteller sorgen dafür, dass die Legenden nicht verblühen und die Musen nicht verstummen.

Aber ich wollte vom Stechlin erzählen. Heiliger Fontane, hättest du bloß diesen *Stechlin*-Roman nicht geschrieben. Neuglobsow wäre wohl noch immer, wie Hans Fallada es als Kind sah, *das Verlassenste, Einsamste, Schönste, was man sich nur denken konnte.* Mittlerweile hat sich das Schönste so weit herumgesprochen, dass man, um den See zu sehen, auf das Einsamste verzichten und erst am Stechlin-Center und x gebührenpflichtigen Parkplätzen, Eisbuden, Souvenirläden, Informationstafeln und Restaurants vorbeimuss, bevor er sich am Ende der Stechlinseestraße zeigt: der berühmteste See der Mark Brandenburg. Eigentlich heißt er Glassee, von slawisch: *steklo*, Glas. Durch lichten Buchenwald gleißt er seit Jahrhunderten mit seinen dunklen Ufern zwischen uralten Bäumen hervor, schön geschwungen wie eine barocke Kommode. Wissenschaftler bezeichnen ihn als einen der letzten oligotrophen, das heißt phosphatarmen Großseen Norddeutschlands. Ich weiß nicht, ob die Limnologen, die sich mit der Ökologie von Binnengewässern beschäftigen, mittlerweile eine wissenschaftliche Erklärung für die von Theodor Fontane beschriebenen Seephänomene gefunden haben. Jedenfalls schoss, als ich in seinem glasklaren Wasser schwamm, an der tiefsten Stelle (68 Meter) kein Wasserstrahl in den blitzblauen Himmel, noch krähte der gallische Hahn. Vielleicht hat unser märkischer Goethe alles nur erfunden, und der See ruht weiter in stillem Scheinfrieden zwischen der preußischen Monarchie und denen, *die schon vor den Hohenzollern da waren*, wie meine märkische Oma und Fontanes berühmteste Romanfigur, der alte Dubslav von Stechlin, dessen Name wohl keineswegs zufällig an die vertriebenen und ermordeten heidnischen Slawen erinnert.

Seit dem fünfzehnten Jahrhundert ist Prenzlau am Uckersee der geistige Mittelpunkt der Uckermark. Prenzlau hat eine schöne Lage zwischen Seen und Hügeln, vier herrliche mittelalterliche Kirchen, darunter die berühmte Sankt Marien, lebhafte Plätze, einen Stadtpark, zehn Döner-Läden (falls ich keinen übersehen habe), dreizehn Gedenkstätten für Opfer von politischem Terror und Krieg, einen jüdischen Friedhof, mehr und schönere Türme als jede andere brandenburgische Stadt, ein Büßerinnen-Kloster der Magdalenen, ein Schauspielhaus, in das vor zehn Jahren ein Supermarkt eingezogen ist, und eine kleine Sternwarte, 1962 von dem Hobbyastronomen Fritz Zingelmann in einem der Tortürme der mittelalterlichen Stadtmauer eingerichtet. Die mittelalterlichen Stadtherren hielten treu zu den askanischen Markgrafen, selbst als Papst Bonifaz den Dichter Otto IV. 1303 wegen seiner liberalen Slawen- und Judenpolitik exkommunizierte. Um 1700 lebte hier die größte reformierte französische Gemeinde der Mark Brandenburg. Es steht aber zu befürchten, dass mit den zwölftausend Bewohnern, die die ehemalige Stadt der Elektrotechnik seit dem Ende der DDR verloren hat, auch der uckermärkische Geist der Toleranz diesen Ort verlassen könnte, sodass hier bald nur noch die Steine reden. Aber wer wird ihnen zuhören?

Mitten in Potsdam meldet sich so etwas wie ein ästhetisches Hungergefühl: das schmerzliche Fehlen einer Mitte. Die Abwesenheit des alten Stadtschlosses – es wurde im Zweiten Weltkrieg von Bomben zerstört und 1959/60 abgerissen – macht sich so ähnlich bemerkbar wie in Berlin: als topographische Leere. Das Massevolumen fehlt, die Schwere, das Gravitationszentrum der als Königsstadt angelegten Civitas.

Wie eine Fata Morgana, die sich jeden Moment in Luft auflösen kann, schwebt die brandenburgische Landeshauptstadt gewissermaßen eine Handbreit über der Gegenwart; niedrige Häuser, breite Straßen und viel zu viel Geschichte. Schwankend zwischen der ruhmreichen Last ihres hohenzollernschen Erbes als größtem architektonischen Flächendenkmal und Gesamtkunstwerk preußischer Repräsentationskunst und der Lust an geistiger Verjüngung hat sie sich vorläufig als Dauerbaustelle eingerichtet. Der Park von Sanssouci wirkt wie ein Disneyland für Höhergebildete – mit Belvedere und Pomonatempel, Chinesischem Pavillon, minarettgekröntem Maschinenhaus in arabischem Stil, Normannischem Turm auf dem Ruinenberg, Charlottenhof und seinen Römischen Bädern sowie dreischiffiger romanischer Säulenbasilika.

Vom fernöstlichen Drachenhaus über Sizilianischen Garten, griechische Götter, orientalische Zikaden, gotische Türmchen, romanische Kuppeln wurde an alles gedacht, was dem sehnsuchtsvollen Auge schmeichelt. Auf dem östlichen Havelufer wachsen aus dem gezackten Grün die Zinnen romantischer Burgtürme in den märkischen Himmel. Schloss Babelsberg, 1834 für den Kronprinzen Friedrich Wilhelm an der Glienicker Lake erbaut, wo sich die Havel in den Tiefen See ergießt, verrät mit seinen gelben Klinkern, gotischen Kreuzrippenbögen, Säulenbündeln und Spitzbögen die Liebe der königlichen Familie zu den Dichtern, Malern und Architekten der Berliner Spätromantik.

Das gantze Eyland muß ein Paradies werden, hatte Friedrich Wilhelm, der Große Kurfürst, 1664 angeordnet, denn nach der Evakuierung des Hofes nach Königsberg während des Dreißigjährigen Krieges war eine neue Residenz als politischer Mittelpunkt im Herzen des Kurfürstentums vonnöten. Im selben Jahr, als auch in Berlin mit dem Bau eines neuen Lustschlosses begonnen wurde, wuchs am Havelübergang an der Stelle der mittelalterlichen Burg, deren letzte Bewohnerin bis 1601 die Kurfürstin Katharina von Brandenburg gewesen war, ein ansehnlicher Palast mit kurfürstlicher Orangerie und Lustgarten aus dem sumpfigen Boden. Der Vierflügelbau mit großzügiger Auffahrt und Kolonnaden zur Gartenseite und Fortuna-Portal im halbrunden Corps de Logis wurde großzügig zwischen Altem Markt und Nikolaikirche angelegt und mit kostbaren Möbeln und Stoffen aus Frankreich ausgestattet. Doch erst der Sohn des Großen Kurfürsten, Friedrich III., bezog mit seinem Hofstaat das Palais, an dem auch noch die nächsten Generationen weiterbauten, da mit dem wirtschaftlichen Erstarken Preußens auch die Repräsentationspflichten wuchsen.

Die heutigen Potsdamer haben es sich nicht leichtgemacht, zwischen historischer Rekonstruktion und städtebaulicher Erneuerung, modernem Landtagsneubau und Wiederaufbau des alten Stadtschlosses zu entscheiden. Immerhin haben sie schon genug Schloss mit Sanssouci. Letztlich siegte einmal mehr der kluge, wenngleich teurere historische Kompromiss: innen modern, außen die von Georg Wenzeslaus von Knobelsdorff, Friedrichs II. Baumeister, um 1741 entworfene Fassade. So setzt man weiter auf entspannte Urbanität und geistige Verjüngung zwischen alten Mauern. Historische Karrees, Cafés und alte Fabrikantenvillen werden belebt von über siebentausend Studenten der drei Potsdamer Hochschulen – Filmhochschule, Universität, Fachhochschule. Radfahrer bestimmen das Stadtbild in den kopfsteingepflasterten Straßen der Altstadt. Von den Filmstudios im Filmpark Babelsberg fällt ein Hauch von Hollywood auf die Stadt. Die Max-Planck-Gesellschaft hat sich mit einem halben Dutzend Forschungsinstituten niedergelassen und schätzt Potsdams familiäres Kleinstadtambiente genauso wie seine Nähe zur Bundeshauptstadt. Provinzialität kann ja auch als die Kunst verstanden werden, im Kleinen Großes zu bewirken. Auf dem Telegraphenberg lenkt der Wissenschaftspark Albert Einstein die Aufmerksamkeit der Besucher auf die Phalanx großer Naturwissenschaftler, die in Potsdams Umkreis forschten und lebten und der Welt bedeutende Erfindungen schenkten: von dem Telegraphenerfinder Guglielmo Marconi und dem Geophysiker und Polarforscher Alfred Wegener bis zu Albert Einstein und Max Planck.

Es dauerte keine fünfzig Jahre, dass aus dem *Eyland* tatsächlich ein kleines Paradies der Musen wurde, von niederländischen Planteuren und preußischen Baumeistern und Landschaftsarchitekten den sumpfigen Niederungen zwischen den Havelbändern abgerungen, angefangen bei den Niederländern Langelaer und Hendert bis zu Schlüter und Eosander, Knobelsdorff, Pesne, Schinkel, Schadow, Lenné und dem Fürsten Pückler. Der Große Kurfürst hatte seine Studienjahre in den Niederlanden verbracht; jede niederländische Anmutung erfreute seinen Blick. Nach der Hochzeit mit der niederländischen Prinzessin Luise Henriette von Nassau-Oranien schenkte er seiner Gemahlin in Bötzow, das sogleich in Oranienburg umbenannt wurde, ein standesgemäß ausgestattetes Schloss, das einige Jahre als Regierungssitz diente. Niederländischer Fleiß wirkte mit märkischem Pragmatismus in jeder Hinsicht wohltätig zusammen. Von holländischen Baumeistern wurden die drei Potsdamer Stadtkirchen erbaut, das Glockenspiel in der Garnisonskirche schuf ein Amsterdamer Glockengießer. Holländische Planteure legten Alleen an, die die langen Wege zwischen den Residenzen Altlandsberg, Caputh, Bornim und Klein Glienicke verschönten. Als Kurfürst und Kurfürstin starben, sanken Oranienburg und die Residenzstädtchen Paretz und Caputh in Vergessenheit.

Erst ein Heer von Handwerksmeistern, Maurern, Stukateuren, Gärtnern, Kunstmalern und Steinmetzen aus ganz Europa gab der Mark Brandenburg im achtzehnten und neunzehnten Jahrhundert jenes edle Gesicht, das Theodor Fontane noch gesehen hat und jeder Reiseführer beschreibt: klassizistische Symmetrie, verspieltes Rokoko und üppig schwellendes Barock.

Nun fehlte diesem preußischen Versailles zunächst nur noch eines: ein angemessener Platz Brandenburgs in der europäischen Reichsverfassung, kurz: ein Monarch. Am 18. Januar 1701 ließ sich Kurfürst Friedrich III. – sozusagen auf eigenen Befehl – die Kroninsignien als erster König *in* Preußen aushändigen. Die Krone war, wie man hört, mit 153 Diamanten, 28 Brillanten, acht Birn- und 48 runden Perlen geschmückt. König *von* Preußen durfte sich Friedrich I. vorläufig noch nicht nennen; Kaiser Leopold I. duldete keine Krone neben der seinen und ließ sich seine Zustimmung zur Königswerdung des brandenburgischen Kurfürsten mit der Lieferung von achttausend Soldaten hoch bezahlen. Auf der anderen Seite, und gleichsam im Rücken des Kaisers, nahm der nunmehrige König Friedrich I., wie nachher sein Sohn und Nachfolger Friedrich Wilhelm I., reformierte und calvinistische Flüchtlinge aus dem katholischen Europa in Preußen auf und bot den Kolonisten großzügige Existenzgründungshilfen: ein äußerst geschickter politischer Schachzug gegen die Übermacht der katholisch-habsburgischen Mächte im Reich. Brandenburg war auf dem Weg, eine protestantische Großmacht in Norddeutschland zu werden. 1685 waren die ersten 20 000 Huguenottes, Franzosen reformierten Glaubens, in Preußen angekommen, fünfzig Jahre später folgten noch einmal so viele Reformierte aus dem habsburgischen Salzburg. Sie kamen aus allen Berufen und Klassen, sie brachten Kunststickereien, Teppichwebereien, Seidenmanufakturen, das Weißbier und den Tabakanbau ins Land, sie verfeinerten den Geschmack und die Umgangsformen der Brandenburger, und bald war jeder fünfte Berliner, Prenzlauer, Neuruppiner oder Schwedter Franzose, französische Wörter wanderten in die Umgangssprache ein. Nach Franzosen und Steiermärkern kamen utraquistische Tschechen aus dem Böhmerwald, calvinistische Weber, Spinner und Zwirnmacher aus den Schweizer Kantonen Basel und Bern. Etwa zweitausend Schweizer siedelten sich um 1690 in Eberswalde, Neuruppin und Lindow an. Schweizerdörfer gab es auch im Golmer Bruch bei Potsdam. Holländer oder Schweizer nannte man fortan die Pächter von Meiereien, und Schweizereien die märkischen Milchhöfe. Aus der Schweizer Colonie Neu-Töplitz kam der gebürtige Schweizer David Garmatter, später

als Schöpfer des Schlossparks von Paretz, der Sommerresidenz der königlichen Familie im Havelland, bekannt
geworden. 1727 wurde der erste Türke von Brandenburg,
Georgius Ostman, in der griechisch-orthodoxen Kirche
von Potsdam getauft und mit der Märkerin Anna Klein-
jung verheiratet.

Bei Regierungsantritt Friedrichs des Großen war das
Königreich Preußen nun schon doppelt so groß wie das
alte Kurfürstentum Brandenburg und hatte seine Einwohnerzahl durch Zuwanderung auf fünfeinhalb Millionen
verdoppelt. Die ersten holländischen Zimmerleute, Jan
Bouman, Adrianus von Ouden und Antoni van Ridder,
hatte noch König Friedrich Wilhelm I. Ende Oktober
1732 nach Potsdam geholt. Unter Boumans Leitung wurden 134 holländische Giebelhäuser in wenigen Monaten
aus rotem Backstein errichtet. In die vier Karrees zogen
22 Familien aus Holland, die anderen waren Franzosen,
Italiener und Schweden. In der Colonie Nowawes, heute
ein Stadtteil von Potsdam, wurden arme Weber aus Böhmen angesiedelt. Bald ratterten 27 Webstühle in Nowawes.
Nie reichte der Tagelohn der Weber, um ihre Familien
zu ernähren, sodass auf dem Kirchplatz 1300 Maulbeer-
bäume gepflanzt wurden und am Ortsrand noch einmal
4400, um durch die Seidenraupenzucht ihr Einkommen
zu verbessern. Als die Unzufriedenheit der Weber trotzdem schneller als die Rendite wuchs, verkaufte Direktor
Wolf Friedrich von Retzow das Unternehmen an einen
jüdischen Textilfabrikanten.

Ökonomische Staatsräson unter Friedrich II. hieß: *Man vermehrt die Einkünfte der Akzise durch den Konsum der neuen Arbeiter* – und das Geld blieb im Lande. Mittelständische Unternehmer in Brandenburg können davon nur träumen. Während die Manufakturen vorher in Sachsen arbeiten ließen, holte Friedrich II., seit 1740 König, die Sachsen nach Preußen. Das Konzept ging auf. In Köpenick, Oranienburg, Neuschöneberg, Grünerlinde, Friedrichshagen wurden Spinner, Weber und Wollstreicher angesiedelt und wieder neue Maulbeeralleen gepflanzt.

Ein beispielloser Bauboom setzte unter den preußischen Königen ein. Es entstanden Schloss Oranienburg, Jagdschloss Glienicke, Schloss Friedrichsfelde, Charlottenburg, Schönhausen, Monbijou und Bellevue, Rheinsberg und Neuruppin. Das hohenzollernsche Stadtschloss auf der Berliner Spreeinsel wurde einem großzügigen Umbau unterzogen. Die junge Monarchie erschuf sich Machtzentren, die sich in Abmessungen und Ausstattung deutlich gegen die Herrenhäuser der Mark oder die schlichten kurfürstlichen Landschlösschen in Wusterhausen, Rosenthal oder Caputh abhoben.

Der märkische Adel zog nach. Offiziere und Minister nannten ihre Landhäuser Schloss, sofern nur ein Vestibül, ein Gartensaal, eine breite Auffahrt anzeigten, dass mehr als ein Haus zum Wohnen gemeint war. Minister, Regierungsbeamte, Gutsherren ließen auf den Friedhöfen ihrer Dörfer steinerne Ahnengalerien und pompöse Erbbegräb-

nisse bauen. Für den Königlichen Domänendirektor Peter
von Itzenplitz schufen die besten Bildhauer Preußens auf
dessen Gut Kunersdorf im Oderbruch eine klassizistische
Grabkolonnade für die Ewigkeit, die eines Herzogs würdig
gewesen wäre. Das Erbbegräbnis der Familie von Bredow
in Zützen trägt die Warnung: *Zurück, Vollendeter, wan du
hier kein Recht hast, und dein Nahme nicht hierselbst aufgezeich-
net ist, oder der Fluch trifft deine Nachkommenschaft.* So duldete man auch im Jenseits keine Klassenvermischung.

Einige Hundert solcher Schlösser haben sich in Brandenburg erhalten, und manche warten noch immer darauf,
von auswärtigen Investoren vor dem endgültigen Verfall
gerettet zu werden, obwohl Duncker 1881 in seinem Buch
über *Die ländlichen Wohnsitze, Schlösser und Residenzen der
ritterschaftlichen Gutsbesitzer* nur noch sechzig für erwäh-
nenswert hielt. Der Stiftung Preußische Schlösser Berlin-
Brandenburg, 1995 eigens zur Verwaltung der königlichen
Schlösser gegründet, musste von Staats wegen nicht nur
die baulichen Hinterlassenschaften sanieren und pflegen.
Auch das Preußentum selbst war nach vierzig Jahren Ar-
beiter- und Bauernmacht seines patriotischen Glanzes be-
raubt. Ausgenommen Schloss Sanssouci, die Schöpfung
Friedrichs des Großen, des Philosophen auf dem Thron,
das seit Friedrichs Einzug am 1. Mai 1747 die Jahrhunderte
unbeschadet überstanden hat. Groß war vor allem der ge-
dankliche Entwurf der neuen Sommerresidenz, die in die
Terrassenhänge eines Weinbergs so harmonisch eingefügt
wurde, dass Landschaft, Architektur und Parkkultur sich in

vollendeter Leichtigkeit ineinanderschmiegen. Die Karya-
tiden, Atlanten, Putten und Vasen von Friedrich Christian
Glume, ein italienischer Säulengang im Innenhof, französische Fensterfronten, der kostbar mit Gold und Marmor
ausgestattete Kuppelsaal, Mosaikböden aus Mahagoni und
Zedernholz sorgten dafür, dass Phantasie und Sinnlichkeit
über das Material siegten. Eine vergoldete Ovidgalerie in
den Neuen Kammern, dem Gästehaus des Königs, stellte
laszive Körperlichkeit gutgebauter Jünglinge zur Schau und
lässt frivole Rückschlüsse auf die damaligen Besucher und
ihre Lieblingsbeschäftigungen zu. Wer so wohnte, hatte die
Musen beiderlei Geschlechts immer an seiner Seite. Und
zum Wohnen, nicht zum Repräsentieren war Sanssouci
erdacht und gebaut worden. Von April bis Oktober emp-
fing Friedrich II. hier die besten Künstler und klügsten
Köpfe Europas, pflegte die Wissenschaften, schrieb Bücher,
komponierte Opern und Konzerte und fand noch Zeit,
Preußen auf Kosten der russischen Zarin Katharina und der
österreichischen Kaiserin Maria Theresia bedeutend zu ver-
größern, Kriege zu führen und die erste liberale preußische
Verfassung ausarbeiten zu lassen, die seinen Untertanen
Presse-, Religions-und Gewerbefreiheit brachte. In seinem
Arbeitszimmer, dessen Deckenfresken den astronomischen
Tierkreis mit zwölf allegorischen Figuren der Sternbilder
zeigte, starb Friedrich II. am 17. August 1786, im Mittel-
punkt seines selbsterschaffenen Universums.

Für den sogenannten Hofstaat, die Korona der Kam-
merherren, Sekretäre, Dienstleute, Pagen, Köche, Mund-

schenke und dergleichen mehr, sowie für öffentliche Reprä-
sentationszwecke wurde 1769 das Neue Palais eingeweiht.
Es hatte dreihundert Zimmer und war im Geschmack der
Zeit mit Hunderten antiken Mythenfiguren geschmückt.
Selbstironisch nannte Friedrich II. es seine *Fanfaronade*,
was so viel wie Prahlerei bedeutet. Säulen, Dachfiguren,
Kolonnaden, Triumphtore, Säle mit Steinmosaiken, Gale-
rien und üppig vergoldete Stuckdecken wurden von dem
Bayreuther Baumeister Carl von Gontard entworfen. Im
oberen Stock gab es ein Hoftheater, in dem italienische
Opern für die Hofgesellschaft aufgeführt wurden. Zu-
letzt residierte hier Friedrich III., der 99-Tage-Kaiser von
Deutschland, der aber sogleich bei seinem Einzug, unbe-
rührt von jeglichem Anflug monarchischer Selbstironie,
die *Fanfaronade* in *Friedrichscron* umbenannte.

Schloss Cecilienhof wurde schließlich der Schlussstein
im Bauwerk des preußischen Absolutismus, 1916/17 für
den jungen Kronprinzen Friedrich Wilhelm und seine
Frau Cecilie fertiggestellt, mehr englischer Landsitz als
Schloss, frugal und schlicht statt ästhetizistisch überladen.
Zwei Jahre später, am 29. Oktober 1918, verließ die Familie
Hohenzollern nach 506 Jahren ihrer Herrschaft die Mark
Brandenburg in Richtung der Niederlande. Und noch einmal 27 Jahre später wurde in den kronprinzlichen Räumen
von den Siegermächten des Zweiten Weltkrieges die Neu-
ordnung Europas beschlossen. Damit war auch das Ende
der alten Markgrafschaft besiegelt, die im ehrwürdigen
Alter von 788 Jahren am Ufer des Jungfernsees verschied.

DIE ZAUBERFLÖTE DER MELANCHOLIE ODER
QUANTZ UND GRAUN

Am 26. Januar 1728 hatte der sechzehnjährige Kronprinz Friedrich seiner Schwester Wilhelmine stolz über seinen Besuch am sächsischen Königshof berichtet. *Ich habe mich als Musiker hören lassen, Richter, Buffardin, Quantz, Pisendel und Weiß haben mitgespielt.* Während die prinzlichen Hände das Cembalo traktierten, umspielten seine Augen die Gestalt des 31-jährigen Quantz, des Flötisten Augusts des Starken. Nun wollte auch Friedrich nur noch das Flötenspiel erlernen. Eine Traversflöte wurde ihm von Dresden geschickt, ausgewählt von Buffardin persönlich. Der göttliche Quantz folgte einen Monat später im Gefolge seines Königs dem Prinzen nach Preußen, doch nur auf Besuch. August der Starke konnte ihn in Dresden nicht entbehren. Lediglich für einige Wochen im Jahr bekam er Urlaub, um die hochbegabten preußischen Königskinder (heimlich) zu unterrichten. Quantz wurde ihr Vertrauter, der auch geheime Kassiber beförderte. *Ich gestehe,* schimpfte Wilhelmine, *ich bin wütend auf den dicken König Mantelsack oder den polnischen Dickwanst; denn nachdem ich mich diese ganze Zeit darauf gefreut habe, Quantz zu hören, beruft er ihn nach Polen zu seinem königlichen Ohrenschmaus.* Statt seiner kamen die Brüder Graun und übernahmen 1735 die Leitung der Berliner Hofkapelle. In Rheinsberg trafen auf Quantz' Empfehlung hin nach und nach die besten sächsischen Musiker ein. Die dunkle Quantz-Flöte, auf etwa vierhundert Hertz gestimmt, brachte es fertig, aus der französischen und italienischen Schule der Flötenmusik einen eigenen, brandenburgischen Ton hervorzubringen: Sehnsucht des friderizianischen Zeitalters nach der Leichtigkeit des Südens und märkische Melancholie. Donnerstags wurde nun in der Rheinsberger Musikkammer musiziert, vier Jahre lang, mit einem erlesenen Musikerensemble. Als aus dem Kronprinzen der König Friedrich II. geworden war, nahm er seine Musiker mit nach Potsdam. Jetzt kam auch Quantz, für zweitausend Taler jährlich, dreimal so viel, wie er in Dresden verdient hatte. Mehr als dreihundert Kompositionen für Flöte und Orchester, Triosonaten und fast zweihundert Solosonaten entstanden in seiner Potsdamer Zeit, und in Potsdam wurde er schließlich auch begraben. Die Reihe seiner Kopisten liest sich wie ein Prominentenlexikon: Johann Friedrich Fasch, die Graun-Brüder, Georg Friedrich Händel, Johann Adolf Hasse, Johann David Hainichen, Johann Georg Pisendel, Georg Philipp Telemann. Andere Musiker kapitulierten vor dem anspruchsvollen Maestro in Purpur: Georg Czarth, Christoph Nichelmann, Carl Philipp Emanuel Bach verließen den preußischen Hof nach kurzen Gastspielen wieder.

Der zweitälteste Sohn des Leipziger Thomaskantors und Komponisten Johann Sebastian Bach war sieben Jahre alt, als sein Vater, seinerzeit Hofkomponist des Fürsten Leopold von Anhalt-Köthen, dem jungen, musikbegeisterten Markgrafen Christian Ludwig von Brandenburg sechs Concerti grossi widmete, die später als die *Brandenburgischen Konzerte* bezeichnet wurden. Die Partituren verschwanden zunächst in den Truhen des Markgrafen, bis sie Jahrzehnte später glücklicherweise in die Hände der Prinzessin Amalie von Preußen gerieten, die sie dem Joachimsthalischen Gymnasium in Berlin vermachte. Erst im späten zwanzigsten Jahrhundert wurden sie so oft aufgeführt, dass sie, neben Friedrichs eigenen Kompositionen für Flöte, bald zur musikalischen Visitenkarte der Mark wurden, malende Musik, sinfonische Landschaftsbilder, die im leicht dahinrauschenden Wechsel von konzertanten Soli und polyphonem Orchesterspiel den Wechsel von Baumgruppen, Wäldern, Flüssen und Seen zwischen Köthen und Potsdam in Töne und Klänge zu verwandeln scheinen, wenn man sie nur oft genug hört.

Den musisch hochbegabten königlichen Geschwistern Wilhelmine, Friedrich und Heinrich verdankt Brandenburg den kulturellen Einfluss südlicher, also vor allem italienischer und französischer Kultur. Romantische oder antikisierende Parks mit schattigen Laubengängen, pompöses Barock und verspieltes Rokoko kamen mit den Werken Scarlattis und den Bauten Gontards in die Marken. Gegenbilder der gold- und marmorprangenden Residenzstadt Potsdam wurden Rheinsberg, das durch seine idyllische Lage zwischen Seen und die freigeistige Gesinnung des kosmopolitischen Prinzen Heinrich geradezu als Antithese der friderizianischen Ära wirkte, und Neuruppin, die schmucklos-strenge Garnisonsstadt am Ruppiner See, in der 1819 Theodor Fontane, der märkische Kolumbus, als Sohn des hugenottischen Stadtapothekers geboren wurde. Seine Heimatstadt darf er ruhig selbst beschreiben.

Ruppin hat eine schöne Lage – See, Gärten und der soge-nannte »Wall« schließen es ein. Nach dem großen Feuer, das nur zwei Stückchen am Ost- und Westrande übrigließ (als wären von einem runden Brote die beiden Kanten übriggeblieben), wurde die Stadt in einer Art Residenzstil wieder aufgebaut. Lange, breite Straßen durchschneiden sie, nur unterbrochen durch stattliche Plätze, auf deren Areal unsere Vorvordern selbst wieder klei-ne Städte gebaut haben würden. Für eine reiche Residenz voll hoher Häuser und Paläste, voll Leben und Verkehr, mag solche raumverschwendende Anlage die empfehlenswerteste sein, für eine kleine Provinzialstadt aber ist sie bedenklich. Sie gleicht einem auf Auswuchs gemachten großen Staatsrock, in den der Betreffende, weil er von Natur klein ist, nie hineinwachsen kann. Dadurch entsteht eine Öde und Leere, die zuletzt den Eindruck der Langenweile macht.

Die Billigkeit erheischt hinzuzufügen, daß wir es unglücklich trafen: das Gymnasium hatte Ferien und die Garnison Mobilma-chung. So fehlten denn die roten Kragen und Aufschläge, die, wie die zinnoberfarbenen Jacken auf den Bildern eines berühmten Niederländers (Cuyp) in unserm farblosen Norden dazu berufen scheinen, der monotonen Landschaft Leben und Frische zu geben. Alles war still und leer, auf dem Schulplatze wurden Betten gesonnt, und es sah aus, als sollte die ganze Stadt aufgefordert werden, sich schlafen zu legen.

Aber nicht die Öde und Stille der Stadt haben uns zu beschäf-
tigen, sondern ihre Sehenswürdigkeiten, klein und groß. Treten
wir unsere Wanderung an. Vor dem malerisch im Schatten hoher
Linden gelegenen Rathaus, in dessen Erdgeschoß sich auch die
Hauptwache befindet, ruht auf leichter Lafette eine 1849er Kriegs-
trophäe, während in Front des stattlichen Gymnasialgebäudes (auf
das wir weiterhin in einem eignen Kapitel zurückkommen) die
Bronzestatue König Friedrich Wilhelms II. aufragt, die die Stadt
nach dem großen Feuer von 1787 ihrem Wiedererbauer errichtete.
Das in etwas mehr denn Lebensgröße hergestellte Bildnis ist eine
Arbeit Friedrich Tiecks, gedanklich wenig bedeutend, aber in Form
und Haltung jenes künstlerische Maß bekundend, das, wo andere
Vorzüge fehlen, selbst schon wieder als Vorzug gelten kann.

An alldem hat sich seither wenig verändert. Nur ruht in
etwas mehr denn Lebensgröße jetzt statt des monarchischen
der skeptische Blick des in Bronze gegossenen alten Fontane auf Stadt und See, dessen jenseitige Ufer vermutlich
vor hundertdreißig Jahren baumlos und kahl lagen, während heutzutage weiße Fahrgastschiffe und Segelboote
kreuzen, von denen Fontane so wenig eine Vorstellung
haben konnte wie wir von der Stadt, wie sie vor dem großen Stadtbrand wohl ausgesehen haben könnte. Den
größeren Teil seines langen Lebens verbrachte Fontane
auf Reisen und befolgte damit die bekannte Empfehlung
Goethes, nachweislich kein Brandenburger und nur mäßig
patriotisch: *Laßt uns doch vielseitig sein! Märkische Rübchen*
schmecken gut, am besten gemischt mit Kastanien, und diese
beiden edlen Früchte wachsen weit auseinander.

Ah, die berühmten brandenburgischen Alleen, diese grünen Kathedralen der Beschleunigung, diese schattig marmorierten Säulentempel des Automobilismus, Friedhöfe einer zukunftslosen Dorfjugend. Als Marschkolonnen aus Ausrufezeichen, Doppelpunkten und Schrägstrichen marschieren sie durch interpunktionslose Acker- und Wiesenflächen, die Brennstoffmangel und sozialistische Zwangskollektivierung hinterlassen haben. Was hier an Kastanien, Eichen, Buchen, Ahorn verschwendet wird, fehlt wiederum den Landstädtchen.

Hätten Kyritz oder Perleberg, Templin, Wriezen oder Luckau statt der horrenden Ausgaben für Granitpflasterung, historisierende Straßenlaternen und aufwendige Altstadtsanierung, die gutgemeinte Einheitssteuer und EU-Subventionen nach 1990 in die Stadtkämmereien spülten, nicht viel lieber eine gemütliche Piazza mit Blumen, Bänken und Bäumen gehabt? Wie viele Denkmale, Brunnen, Fachwerkfassaden, Asia-Döner und Discounter würden durch das Spiel von Licht und Schatten erst schön belebt! Oder das Holländische Viertel in Potsdam – breite Straßen, schmucke Giebelhäuser, aber kilometerweit kein Baum! Die geometrische Messtischtopographie der preußischen Garnisonsstädte wird durch Baumlosigkeit noch unangenehm konserviert. Kirchen und Wehrtürme wuchten sich unbegrünt ins flache Stadtbild, als sprächen sie für nichts als die nackte Tatsache, noch da zu sein. Späht man aber in Toreinfahrten und Höfe sonntäglich leerer Straßen in Treuenbrietzen, Bad Belzig, Rathenow oder Lübben, so öffnen sich hinter den Häusern grüne Oasen mit blühenden Obstbäumen, Salatbeeten, Sonnenschirmen und Sitzecken. Das bürgerliche Leben, es findet im Rücken der Stadt statt, während der öffentliche Raum glanzvoll stirbt und die Natur überall auf dem Rückzug ist. Wo Alleen sind, war einst Wald, und wo Feldsteinmauern, Alleen, Gehölze, Hecken den märkischen Boden, vorwiegend ein Sand-Ton-Mergel-Gemisch, vor Austrocknung schützten, ziehen sich endlos Äcker und Brachen hin. Aus städtischen Grünanlagen und ganzen Landschaften verschwinden Wildhecken und Feuchtwiesen, in denen Bienen, Insekten, Singvögel, Hasen oder Füchse Nistplätze, Schutz und Futter finden würden. Und so begegnet man ursprünglichen märkischen Alleen nur noch tief im Landesinneren, wie ich sie in Klein Glien bei Belzig, in Bärwinkel, in Neuholland an der Oberhavel, in Neulewin oder Altfriedland im Oderbruch gesehen habe, wo sie die ehemaligen Herrensitze mit Gutsdörfern und Vorwerken, Bahnhöfen und Flussübergängen schattenspendend verbanden. Wildpflaumen-, Mirabellen-, Apfel-, Kirsch- und Birnbäume säumten früher die Dorfstraßen; auch sie werden immer seltener.

Dass es in Brandenburg so viele Alleen gibt, hat also einen einfachen, aber vernünftigen Grund: damit die

Bäume nicht vor den Menschen aussterben. Die Brandenburger sind naturliebend und geben viel Geld aus, um ihre
kostbaren Alleebäume lückenlos durch Leitplanken vor
rasenden Autofahrern zu schützen. Das sieht zwar nicht
besonders schön aus, hilft aber beiden. Pro Jahr werden
fünfzehntausend Alleebäume erneuert. Doch wer zählt die
Verluste? 7,1 Prozent der Fläche des Bundeslandes Brandenburg sind schon unter Naturschutz gestellt; weniger
als zehn Prozent werden ökologisch bewirtschaftet. Acht
brandenburgische Agrarregionen haben sich zu genfrei-
en Zonen erklärt. Das alte Wort Heimat bekommt eben
einen dissonanten Klang, wo Tourismus und Windparks,
Massentierhaltung und Naturschutz, Gentechnik und
Nachhaltigkeit sich dieselbe Landschaft teilen müssen. Nur
fünfzig Prozent der reprivatisierten Agrarflächen wurden
nach der Wiedervereinigung an bäuerliche Einzelbetriebe
verteilt, die andere Hälfte, rund 400 000 Hektar, ging an
Agrargenossenschaften oder ausländische Agrarkonzerne
wie Pelapro, denen als Rechtsnachfolger der volkseigenen
Industriellen Mastkombinate und Kooperationsgemein-
schaften riesige Mastställe und Futteranbauflächen für
Massentierhaltung übertragen wurden. In Hassleben bei
Templin, in der Altmark bei Mahlwinkel und Zollchow und
in Nuthe-Urstromtal stehen solche hocheffektiven Mast-
anlagen für bis zu fünfzigtausend Schweine. Auf einmal
sehen sich Bauernverbände, Anwohner, Tier- und Umwelt-
schützer im selben untergehenden Boot. Im uckermärkischen Heinrichshof regt sich ziviler Widerstand gegen

den Bau einer weiteren Schweinemastanlage für hundert-tausend Tiere: *Kein Schweinsberg in Rheinsberg.* Die bei der Intensivmast anfallenden Güllemengen verpesten nicht nur Luft und Boden und verschlechtern das Weltklima. Die Angst wächst landauf, landab, dass langfristig Tourismus und Kultur aus einer Region vertrieben werden, die sich infolge der Bestandsschutzklausel im Einigungsvertrag von 1990 ausländischen Investoren als Renditeparadies regelrecht anbietet. Doch die Märker sind ein wehrhaftes Völkchen. Sie haben Bischöfe, Kreuzritter und Mönche überlebt, Leibeigenschaft sowie Sozialismus und Kapitalismus gelernt und den Bombenabwurfplatz in Wittstock gegen die Pläne der Bundesregierung verhindert. Sie werden auch mit Konzernen wie Vattenfall Mining fertigwerden, der in absehbarer Zeit Probebohrungen in Brandenburg angekündigt hat, um in der Erde unter dem Oderbruch CO_2-Emissionen zu verpressen, die uckermärkische Großmäster ein paar Kilometer weiter nördlich zu gleicher Zeit tonnenweise produzieren. Die Märker halten zusammen.

Wo findet man also in der Mark Brandenburg noch Natur pur, intakte Biotope, unberührte Landschaft? Vielleicht im berühmten Spreewald?

An einem Karfreitag Ende März fahre ich zum ersten Mal in meinem Leben nach Lübben. Die Sonne sticht sommerlich, aber im Schatten sinkt die Lufttemperatur gegen null. Willkommen im Klimawandel. Am Himmel türmen sich weiße Kumuli, in der Ferne von Rotorenflügeln geschlitzt. Vor etwa zehntausend Jahren entstand am Mittellauf der Spree ein Binnendelta, das abwechselnd durch Überflutung und Vertorfung abgestorbener Pflanzen vermoorte. Von den vier Millionen Besuchern, die jährlich den Spreewald besuchen, sind außer mir noch ungefähr vierzig andere da, die vom Personal des Kahnfährvereins Flottes Rudel, den Lustigen Gurken und Gurken-Paule mit garantiert ganzjährigem Vollsortiment aus Meerrettich extrascharf, Silberzwiebeln und Knoblauchgürkchen liebevoll umworben werden.

Uns Touristen zeigt man nur den öffentlichen Teil des Spreewalds, seit 1991 Biosphärenreservat der UNESCO; ein Viertel ist unter Naturschutz gestellt. Die Tischchen haben Spreewälder Spitzendeckchen; gegen die feuchte Kälte werden Decken und in kleinen Flechtkörben Kleiner Feigling und Kümmerling angeboten, die Lieblingsschnäpse der Märker. Ein Drittel der 1600 Pflanzenarten, von denen wir Kahnfahrer nichts zu sehen kriegen, steht auf den Listen der weltweit gefährdeten Arten. Wo seid ihr, zarte Schönheiten, ich kann euch nicht sehen, Großseggenrieden, Pfeifengras-, Rohrgrasglanz- und Kohldistelwiesen, Sumpfdotterblumen, Wiesenschaumkraut, rosa Kuckuckslichtnelke und Hahnenfuß, Gilbweiderich und Knabenkraut, blaue Glockenblume, brauner Schnabelried und weiße Sumpfcalla, breitblättriges Wollgras, rote Rosmarinheide und Sonnentau, lila Blutweiderich und gelbe Schwertlilie, Pfeilkraut und ästiger Igelkolben, versteckt im tropfnassen Grün zwischen Erlen und Weiden oder schon ausgestorben? Im Spreewald brüten 109 seltene

Vogelarten, die Bekassine, der Drosselrohrsänger, Fischadler, die Flussseeschwalbe, der Kiebitz, Rohrdommel, Schwarzmilan, Wiedehopf und Tüpfelralle. Aber selbst wenn ich auch nur einen davon gesehen hätte, würde ich ihn vermutlich nicht erkannt haben.

Die Fließe wieder zum Fließen zu bringen ist das Ziel eines der größten Renaturierungsprojekte in Brandenburg, die Gewässerrandstreifensanierung im Oberspreewald zwischen Leipe und Burg. Als der Tagebau immer mehr Dörfer und Äcker fraß, flossen immer größere Wassermengen in die Fließe des Spreewalds. In den 1970er Jahren mussten die DDR-Behörden durch großflächiges Abpumpen, Abtrennen und Ausdeichen großer Feuchtwiesenflächen, die früher von den Spreewaldbauern vom Kahn aus abgemäht wurden, den Spreewald vor dem Versinken retten. Künstliche Spreearme wurden ausgehoben, um die Sümpfe zu entwässern. Dadurch sank der Grundwasserspiegel in den höheren Lagen des Hochwalds. Die Begradigung der Fließe und ihre Abtrennung von den Hauptkanälen ließen Fische und Amphibien auf ihren Wanderungen nicht mehr durch. Als dann mit der DDR auch die Einleitungen aus dem Tagebau ein Ende hatten, fehlte den Kanälen das Wasser. Die Flächen verlandeten. Kraniche und Störche auf dem Durchzug, Graugänse und Rohrdommeln, denen stehendes Wasser als Schutz und Futterquelle dient, blieben aus.

Nun fließen sie wieder. Der Lehmannsstrom windet sich erfreut durch saftige Wiesen, statt sie wie früher über

Forst- und Grenzgräben entwässern zu müssen. Lehmannsfließ und Zerniasfließ steigen murmelnd durch Wald und Wiesen, über Fischpass und Steinriegel zum Tuschatz; die Schnelle Kathrin wird durch Verengungen ihrem Namen wieder gerecht. Die Neue Polenzoa bekommt Steinschwellen und Schlitzpässe, durch die Kleinstlebewesen passieren können. Moorfrösche und Rotbauchunken nehmen ihre neuen Wohnungen in kleinen Stillgewässern der Naundorfer und Leiper Wiesen in Besitz. Was sich einst natürlich schlängelte und wand, soll wieder frei und ungehindert plätschern. Stehende Altarme der Spree werden entgradigt, Uferbefestigungen abgebaut, damit sich das Wasser kleine Buchten graben kann. Grundschwellen sollen die Fließgeschwindigkeiten erhöhen und durch das mitgeführte Sediment das Bett anheben. Untere Wasserburger Spree, Hauptspree und wiedergeborene Kaatschspree sollen das »Dreistromland« des Deltas wieder erkennbar machen. Der alte Lauf des Schiwanstroms im Unterspreewald, der bisher zum Teil als Tonrohr durch den Archedamm geführt wurde, wird wieder wanderbar. Klinguths Lachen, Janks Buschfließ, Polenzoa und Schnelle Kathrin, Tzuschka, Gusnitza und Preschner Mühlbusch, Uska Luke und Wolschina, manche nicht länger als fünfhundert Meter, sollen mit ihren alten sorbischen Namen wieder ihren natürlichen Charakter annehmen. Nur die künstlichen Arme heißen weiter ganz unpoetisch danach, wozu sie bestimmt sind, wie der Nordumfluter.

CALAUER UND KALAMITÄTEN

Der Südosten der Mark Brandenburg ist der europäischste und, geschichtlich gesehen, ihr jüngster Teil. Ober- und Niederlausitz nannte man das Sumpfland, das sich heute durch Polen, Deutschland und Tschechien zieht. Die Mark Lausitz wurde 965 durch Teilung der sächsischen Ostmark nach dem Tod des Grafen Gero gebildet, die polnischen Herzöge überfielen das Land häufig. Im dreizehnten Jahrhundert spalteten sich durch Erbteilung die Mark Landsberg im Osterland und die Grafschaft Brene ab. Umkämpft blieb das Land der Moore und Bruchwälder, Eichen und Buchen, der grünen Hügel, das sich bis zum Zittauer Gebirge mit seinem höchsten Berg, der Lausche, erstreckt, bis Markgraf Dietrich es 1303 an die Askaniergrafen verkaufte. Zwischen Wettinern, Wittelsbachern, Sachsen-Wittenbergern, Schlesiern wechselte es praktisch alle zwanzig Jahre die Besitzer, bis der König von Böhmen es 1367 erwarb.

Im achtzehnten Jahrhundert grenzte die südlichste der alten Marken östlich an das Herzogtum Schlesien, südlich an das Herzogtum Böhmen, westlich an den Meißnischen Kreis und nördlich an die Kurmark. Den Grenzverlauf bildete die Havel bei Fürstenberg. Nach dem Wiener Kongress kam es zur Provinz Brandenburg und wurde in sieben Landkreise geteilt: Cottbus, Sorau, Spremberg, Calau, Luckau, Lübben und Guben. Die niedersorbische Bevölkerung wurde nicht gefragt. Die so lange autonome Region wurde eingedeutscht, die sorbischen Schulen schlossen. Am 5. März 1933 wählten von rund zwanzigtausend Bürgern im Landkreis Lübben 13 750 die NSDAP. Dörfer mit slawischen Namen wurden eingedeutscht. Aus Jaxinbrucke, einem Ortsteil von Zossen, wurde Lindenbrück, aus Tzschetzschnow bei Frankfurt an der Oder wurde Güldendorf, aus Gütergotz Güterfelde und aus Wendisch Buchholz Märkisch-Buchholz.

Cottbus/Chóśebuz ist die zweitgrößte Stadt in Brandenburg und eine der lebendigsten; bunte Punks mit Bierflaschen im Puschkinpark, teure Boutiquen in mittelalterlichen Gassen, kleine Plätze mit Cafés, von alten Bäumen beschattet. Jan Arnošt Smoler gründete 1851 die erste sorbische Buchhandlung in Cottbus. Von hundert archäologisch nachgewiesenen slawischen Civitates zwischen Elbe, Saale und Oder blieb nur in der Lausitz ein kleiner Teil erhalten. 60 000 Sorben leben noch in der Region. Im Serbski-Dom sitzt der Heimatverband der Sorben, die Domovina. Die brutalen Betonimitate mittelalterlicher Giebelhäuser aus DDR-Zeiten sind mittlerweile von Kletterpflanzen überwuchert und haben sich mit den denkmalgeschützten Rekonstruktionen der noch erhaltenen Bürgerhäuser arrangiert. Hinter der Klosterkirche aus askanischer Zeit wird an warmen Sommerabenden Theater gespielt. Vor der Oberkirche Sankt Nikolai hat sich eine

Schlange aus gutgekleideten Konzertbesuchern gebildet. Zwischen Schillerowa Droga und Karl-Liebknechtowa-Droga steht das Schiller-Theater, der gerundete Jugendstilbau des letzten staatlich subventionierten brandenburgischen Theaters.

Das Eingangstor zum Lausitzer Seenland zwischen Senftenberg und Hoyerswerda, wie der Vattenfall-Konzern sein Renaturierungsprojekt getauft hat, ist das Landstädtchen Calau. Ein wolkenverhangener Sonntag auf dem Calauer Marktplatz, doch weit und breit kein Calauer, bis mein Blick an einer messingglänzenden Tafel am Rathaus hängenbleibt: *Eheschließungszimmer*, ein Wort, das wohl nur in Calau erfunden werden konnte. Weil es aber wohl zu sehr nach lebenslänglichem Schlüsselrasseln klingt, haben die Calauer darunter ein zweites Schild angebracht, mit dem tröstlichen Wort *Schiedsstelle*.

In der Cottbusser Straße erinnert eine Gedenktafel an Ernst Dohm, den Erfinder des witzigen Wortspiels, der bei seinem Freund Meyer Ball, einem Schwiegersohn der jüdischen Berliner Verlegerfamilie Mosse, oft im Calauer Judenhaus zu Besuch war und in dem Satireblatt *Kladderadatsch* seit 1850 seine satirischen *Nachrichten aus Kalau* verbreitete.

Seitdem ist in Sachen Satire hierzulande nicht mehr viel passiert, außer der erfreulichen Tatsache, dass der Menschenfreund Victor von Bülow alias Loriot 1923 in Brandenburg an der Havel geboren wurde. Aber was vermögen Sketche gegen die Realsatiren der Gegenwart? Auch heute kommt die Lausitz nicht zur Ruhe. Einundzwanzig neue Seen sollen zwischen Calau und Görlitz entstehen, die größte Urlaubsregion Mitteleuropas, über achtzig Kilometer lang und bis vierzig Kilometer breit. Wer braucht so viel Urlaub?

Seit 1882 werden im Landkreis Elbe-Elster Briketts produziert. Zwölf Jahre später gingen die ersten Elektrizitätswerke in Betrieb, die zuerst nur einzelne Ortschaften mit Strom aus der Kohle versorgten. Zwei Milliarden Tonnen Kohle liegen noch in der Erde unter der Lausitz; siebzig Millionen werden jährlich in fünf Gruben gefördert: Cottbus-Nord, Jänschwalde, Welzow-Süd, Nochten, Reichwalde. Die Lausitzer Braunkohle macht ein Drittel der deutschen Braunkohlelagerstätten aus. Zwei neue Kohlekraftwerke sind nach der friedlichen Revolution ans Netz gegangen, Schwarze Pumpe II und Boxberg V. Uralte Dörfer mussten geräumt und die Bewohner umgesiedelt werden. Lakoma, um nur eines der vielen aufgelassenen Dörfer zu nennen, war schon ein Geisterdorf, als die DDR auf die Abraumhalde der Geschichte gefegt wurde. Drei Jahre später gründeten, nach alter deutscher Sitte, die Letzten einen Verein. Kreativer Widerstand ließ Kunst aus Wüsten wachsen. Junge Leute, Holzbildhauer und Lebenskünstler, siedelten sich an, eine Kulturscheune wuchs aus dem verlassenen Anger, ein Ökodorf. Der Kampf um das Dorf war Sirenengesang. 2003 ließ Vattenfall Mining die letzten Häuser abreißen. Aber es gibt auch gute Nachrichten. In Lauchhammer, zu DDR-Zeiten Standort einer Koksfabrik, werden jetzt Windrotoren von einer schwedischen Firma produziert. Andernorts, wie in Prenzlau, haben sich Solaranlagenhersteller angesiedelt.

Die Mark Brandenburg zwischen Museumspark und Zukunftswerkstatt – ein Land im Klimawandel. Es ist Ende Juni, aber die Lufttemperatur beträgt nicht mehr als zehn Grad Celsius, der Sommer ist erst ein vages Versprechen. Ich fahre zum Gräbendorfer See und setze mich ans Ufer der Zukunft. Die an den Stegen liegenden Boote bewegt nur der Wind. Beach-Bar und Tauchcenter, Segelverein und Bootsverleih warten auf Kundschaft und üben sich in Geduld. In der Ferne dreht sich träge ein Riesenrotor, neben der Chaussee ragen die verrosteten Schaufeln eines Abraumbaggers aus dem gelben Gras. Auf einem ausrangierten Fischerboot warnt ein Graffito vor der *Wüste in uns*. Einsam blinkt ein weißes Segel zwischen Sandwüsten und mageren Kiefern. Es ist totenstill, kein Vogel singt. Vom Steg aus peitscht ein Vater sein ferngesteuertes Torpedoboot übers leise plätschernde Wasser. Sein etwa zehnjähriger Sohn guckt reglos zu.

Wolkenschatten rollen das Feld hinauf. Schattenwellen, lautlose Dünung. Sonst geschieht den ganzen Tag nichts. Von den Eisenbahnzügen dringt nur ein Summen über die Hügel um Wiesenburg. Am nächsten Morgen liegen die Wiesen hinter dem Zaun am Bach in weißem Nebel. Schafe ziehen langsam durch ihn hindurch. Der Himmel ist verschwunden oder hüllt alles ein, Schafe, Zäune, Wiesen. Es riecht nach Erde und nach Stille. Die Stille sinkt in feinen Tropfen herab und legt sich auf die Haut. Mittags steht der Nachbar mit drei geschlachteten Tauben vor meiner Tür, Jahrhunderte ein Privileg des Adels. Ich kippe die winzigen Leiber aus der Plastiktüte auf ein Holzbrett. Das Brustbein zeichnet sich scharf über den zarten Rippen ab. Ich lege sie zärtlich in die Handmulde, salze sie und betrachte dabei die streichholzfeinen Knochen. Mit verschwimmendem Blick bahre ich die Körperchen in der Pfanne auf und brate sie in Butter, bis die Haut sich safrangelb verfärbt. Sie schmecken unvergleichlich.

Der Sommer kommt ohne Übergang. Die Kürbisranken haben die Johannisbeersträucher erwürgt und strecken sich Richtung Erdbeerbeet. Es wird keinen Beerenschnaps geben dieses Jahr. Mit beiden Händen reiße ich am Zaun weiße, holzige Brennnesselwurzeln aus der schwarzen Erde, aber es ist viel zu heiß, und ich flüchte in die lehmkühle Küche. Das Gras ist so hoch, dass man nur noch mit der Sense durchkommt, aber weil ich nicht weiß, wie man das Sensenblatt dengelt, lass ich es einfach weiterwachsen. Im Dachkasten an der Hofseite nisten Hausrotschwänze, die ich zuerst für Schwalben hielt. Sie stürzen sich von der Dachrinne des Stalls in den Hof und schwingen sich in Zickzacklinien zur Traufe. Hornissen tasten die Mauerwerksfugen ab, auf der Suche nach Brutplätzen.

Die Landschaft liegt wie eine langgezogene Welle unter der Hitzeglocke, gestockte Bewegung. Über dem Hühnerstall des Nachbarn kreisen seit Stunden große Raubvögel. Ich kann sie noch immer nicht auseinanderhalten, aber den Hühnern ist es vermutlich egal, ob ein Bussard oder ein Habicht ihnen den Hals aufhackt, wie es den Landschaften egal ist, wer sie beschreibt. Bis eines Tages ein in die Enge getriebener Fluss sein Bett verlässt und weite Landstriche überschwemmt, ein Berg sich mit Schlamm- und Geröllmassen über ein Tal stürzt, Wüsten wandern und Polkappen schmelzen. Aus Steppen werden fischreiche Seen, Gebirge stülpen sich auf und werden zu Sandwüsten zermahlen, Urwälder steigen aus sumpfigen Meerufern, stürzen in sich zusammen und bilden meterdicke Pflanzenteppiche, aus denen nach Jahrmillionen künftige Erdlinge ihre Kohlebriketts pressen.

Um sich der Gleichgültigkeit der Landschaft zu entziehen, muss man weggehen. Vielleicht ist das Heimat. Wo es wehtut wegzugehen.

Im August kommt der große Regen. Abends laufe ich durch den Wiesenburger Park. Das Buchenlaub glänzt dunkel, die Brennnesseln neigen sich zur Erde und liegen über den Pfaden, die von Farnen gesäumt sind. Über mir brüllt der Wind in den Baumkronen. Die Grillen haben sich in die Bäume verzogen, ihr empörtes Zirpen schrillt durch das gleichmäßige Rauschen des Regens. Das Wasser stürzt die Straße hinunter am Haus vorbei. Die Wiesen im Park sind von neuen Bächen durchsickert, die gestern noch nicht da waren. Dann fällt die Straßenbeleuchtung aus. Mein Dorf verschwindet in der Schwärze, als wäre es nie da gewesen. Es ist wieder Landschaft geworden, namenlos und menschenleer, ein schmaler Hügelzug zwischen den Grundmoränen der letzten Eiszeit.

REGISTER

BEATRIX LANGNER

lernte die Mark in ihrer Jugend durch Familienausflüge zu Tanten und Großmutter kennen. Die promovierte Germanistin, Anglistin und Philosophin arbeitet als Literaturkritikerin, schreibt Gedichte, Hörspiele und Bücher, unter anderem über Hölderlin und Diotima sowie Adelbert von Chamisso und Johannes Kepler. Beatrix Langner lebt in Berlin und im Land Brandenburg.